グリーフリカバリー

ハンドブック

20 周 年 記 念 拡 大 版

死別、離婚、病気、失業、不信感……

さまざまな喪失を乗り越えて

一歩を踏み出すための実践プログラム

ジョン・W・ジェームス　ラッセル・フリードマン　共著

WHATリカバリー株式会社　訳

吉岡 文　翻訳監修

Original English Publication Information

 Publisher : HarperCollins Publishers

The Library of Congress had catalogued the revised edition ISBN as follows :
James, John W.
The grief recovery handbook : the action program for moving beyond death, divorce, and other losses / John W. James and Russell Friedman.—Rev. ed.
p. cm.
1. Grief. 2. Loss (Psychology) I. Friedman, Russell.
11. Title.
BF575.G7J36 1998
152.8—dc21 98-16555

ともに生きることができなかった息子へ——ジョン・W・ジェームス

ママへ——ママは僕のチャンピオンだよ！——ラッセル・フリードマン

そして喪失から一歩を踏み出そうとしている全てのみなさんへ

はじめに

ある朝、目覚めて「グリーフ（喪失の苦しみ）という概念は、じつに面白い。よし、これからグリーフを私のライフワークにしよう」と考える人は、まずいないと思います。

私たち、ジョン・W・ジェームス[*1]と、ラッセル・フリードマン[*2]の場合も同様です。そんなふうに思い立ってこの活動を始めたわけではありませんでした。でも、現在、私たちふたりは共同で、グリーフリカバリー・インスティテュート（研究所）の代表を務めるに至っています。

ここで少し、私たちの人生と当インスティテュート、そしてこの『グリーフリカバリー・ハンドブック』が歩んできた道のりについて、あらましをお伝えしたいと思います。

１９７７年、ジョンはわが子を亡くしました。最愛の子どもの死により、もがき苦しんでいた彼は、まさに藁にもすがる思いで、グリーフからの回復の世界へと足を踏み入れたのでした。

そして、長い時間をかけてようやく自分の苦しみを完結させる方法を見つけたのです。しかしそれ以後も、彼は太陽光エネルギーの設計エンジニアの仕事を続けていました。

そのうち、ジョンが喪失による苦しみを乗り越えることができたと聞きつけた知り合いたちが、今まさにグリーフという苦しみの渦中にいる友人を彼のもとへ連れてくるようになったのです。ほどなく、ジョンはグリーフに苦しむ人々と過ごす時間が、仕事仲間と一緒にいる時間と同じぐらい長くなりました。そして、苦しみを乗り越える手助けをすることに、より大きなやりがいを感じている自分に気づいたのです。やがてジョンは、「グリーフリカバリー（グリーフからの回復）」こそ自分の使命だと思うようになりました。こうして、グリーフリカバリー・インスティテュートは設立されたのです。

一方、ラッセルは、誰かの死をきっかけに、グリーフリカバリーと出会ったわけではありません。彼の場合は、二度目の離婚ののちに破産に追い込まれ、同時期にふたつの「喪失」に見舞われたことがきっかけでした。

その当時、ジョンはグリーフリカバリーをテーマに、各地で講演をしていました。友人にその講演会場に無理やり連れていかれたラッセルは、そこで初めてグリーフリカバリーを知ったのです。もしその出会いがなければ、彼は自分の状況を表すグリーフという言葉があることすら知らないままだったにちがいありません。

講演を聴いたラッセルは、ジョンのやり方なら、自分が経験している言葉にできないほどのつらい思いを解決できると考えました。講演翌日、ラッセルは、ボランティアとして働くためにインスティテュートを訪問し、その日から20年以上が経過した現在も、彼はグリーフリカバリー・インスティテュートで活動しています。

このインスティテュートは、「グリーフリカバリーという支援を、できるだけ多くの人に、できるだけ短期間で届ける」ことを大原則に据えてこれまで歩んできました。この原則にのっとり、より大勢に届けるための支援プログラムを作成し、アメリカとカナダの各地で活動をスタートさせました。ところが立ち上げてすぐにサポートグループから様々な意見や感想が出て、さらに多くの準備が必要だと感じました。

そのような求めに応じて書き進めた内容を1冊の本としてまとめたものがグリーフリカバリー・ハンドブックです。こうして初版を自費出版したところ、たちまち大きな反響を呼びました。そこで私たちは、もし大手出版社からこの本を出版することができれば、喪失に苦しむ、より多くのグリーバー（喪失に苦しんでいる人）たちを支援することができるはずだと考えるようになりました。

１９８８年、米国全土に出版物を流通させていた大手出版会社ハーパー・コリンズ社（旧社名ハーパー・アンド・ロウ社）は、喪失による苦しみを乗り越えるための効果的な解決法を、より多くのグリーバーが確実に手に

＊1　ジョン・W・ジェームス２０２１年８月10日他界。
＊2　ラッセル・フリードマン２０１６年11月26日他界。

入れられるようにと、改訂版の出版に合意してくれました。そして、この改訂版の出版により、米国中でグリーフリカバリー・ハンドブックを購入することが可能になりました。

これまでのグリーフリカバリー・ハンドブックだけでも、すでにどれほど多くの人たちが助けられてきたか、正確な数を知る方法はありません。しかしその数は、少なく見積もっても１００万人以上いると思われます。

これまでの出版を成功に導いてくださった全ての方に対し、感謝せずにはいられません。

そのなかでも特に、つらく苦しい思いをしている多くの人たちに、深く感謝を伝えたいと思います。大変多くの方々が電話や手紙で、私たちにご自身の体験や人生に起きたことを打ち明けてくださり、そして、新たな視点でのフィードバックやアドバイスをくださいました。このことが自分たちだけでは気づけなかった部分を知る手がかりとなり、プログラムを改良することができたのです。さらに、たくさんの励ましの言葉や喜びの声に、私たちはどれほど勇気づけられてきたかわかりません。多くの方々のおかげで、今後さらに、心を痛めている多くの人たちを支援していくことができます。

また、私たちの活動に理解を示し、受け入れ評価してくださった多くの専門家の方々にも、感謝の意を表したいと思います。専門家の方々からいただける提案や応援も、私たちにとってかけがえのないものです。

１９９８年のハーパー・コリンズ社による改訂版の出版によって、グリーバー自らがリカバリー（回復）に向けた課題に取り組めるようになりました。改訂版では、リカバリーを始める糸口となるような、より効果的な課題を盛り込んだからです。そしてさらに10年後、それまでの本に更なる改訂を加え、20周年記念版を出すことにしました。この20周年記念版に新たに追加した第4部では、「正しい情報と正しい選択によって、人間はどんなに重大な喪失からもリカバリーできる」というジョンの持論を証明した内容を加えてあります。この20周年記念版を出版する機会に恵まれたことは、とても感慨深く喜びに堪えません。

そして、このたび日本で日本語翻訳された20周年記念版が手に入るようになりました。これまで私たちは、数えきれないほどの多くのグリーバーと一緒に、リカバリーに取り組んできました。その過程で、グリーフに立ち向かう人々をより一層支援するための、さらに効果的な方法を学び取り入れてきました。みなさんにとってリカバリーがもっと身近で確実なものとなるために、本書をつうじ私たちが学びつくり上げてきた方法をお伝えできることは喜ばしいかぎりです。それらは、新たに追加した第4部にも反映されています。

私たちは世界中の多種多様な施設へ足を運び講演を行ってきました。たとえば、大学、特に医学部、病院、アルコールや薬物の依存症の回復施設、葬儀場や霊園、各種学校、それからもちろん、社会学者や宗教、哲学関係に関わる人たちのグループなどです。そしてあらゆる質問に答えてきました。

これらの施設や団体は、とても学術的な印象をみなさんに与えるかもしれませんが、そのことで過大評価はしないでいただきたいと思います。なぜなら、学術的であることは、論理性や正確性の側面からみれば重要ではあっても、心の問題に関して必ずしも確かな効果を発揮するとはかぎらないからです。

ジョンとラッセル、私たちの個人的な経緯からもおわかりのように、ふたりとも、グリーフリカバリーを仕事にしたきっかけは知的探究心からではありません。心が粉々になってしまい、その解決策を求めた結果、ここに辿りついたのです。

みなさんがこの本を手に取ったのも、心が砕け散ってしまったように感じているからかもしれません。あなたは、自分の心が傷ついてしまった自覚はあっても「なにをどうすればいいのかわからない」と思っているのではないでしょうか。

その答えは、この本の中にあります。この本で紹介するグリーフリカバリーという概念は、喪失による苦しみと正しく向き合うことによって、失意のどん底にいる人を助けることができる画期的なものです。

ほとんどの専門家は、グリーフを概念として理論的な観点でとらえています。仮にグリーバーがこのような説明を受けた場合、グリーフとはどういうものかを頭では充分に理解できても、実際に心をリカバリーすることは到底不可能です。本書の目的は、死別や離婚、失業やがんの告知、引越しなど、様々な出来事による喪失がひき起こす感情的な苦しみからリカバリーすることにあります。本書は一貫して、心をリカバリーすることにフォーカスしています。

今も心が癒されることなく、グリーフという問題にもがき苦しみ続けている全ての人は、本書で示すとおりの課題を実践することにより、喪失によって引き起こされた苦しみを完結させることができるはずです。

グリーフリカバリーが、けっしてたやすい旅でないことを、私たちはよくわかっています。喪失があなたの心を固く閉ざしてしまっているかもしれません。けれども私たちは、あなたの心の扉が再び開かれるように、できるかぎりあなたに寄り添います。あなたはグリーフリカバリーをスタートするのが怖いかもしれません。またはリカバリーの途中で怖気づくかもしれません。けれども、これまでに数え切れないほどの人たちが、これからあなたに紹介するグリーフリカバリーを実践することによって苦しみを乗り越えてきたことを忘れないでください。彼らも私たちとともに、あなたが不安をかかえながらも前進し、リカバリーの道に一歩を踏み出すように背中を押して応援してくれています。

あなたのグリーフリカバリーの旅路が実り多いものとなりますように。私たちは、いつでもあなたのためにここにいます。

ジョン・W・ジェームス
ラッセル・フリードマン

グリーフリカバリー・ハンドブック
20周年記念拡大版

目次

第2章 グリーフについてのさまざまな誤解

第3章 私たちはもともと喪失と向き合う心構えができていない

第4章

第5章

第2部　変化への準備――リカバリーの開始

第6章

第7章

第8章 リカバリーを阻む、「一時的な気晴らし」を見つける

第9章 痛みと向きあうための「グリーフ年表」づくり

第3部 喪失の痛みを完結させる解決策とは

第12章 「関係図」をリカバリーに必要な要素に変える 171

付録

※各ページには、グリーフリカバリー・ワークショップのテキストとして使いやすいように行番号を入れています。

第1部 問題を理解する

こうして本書を手に取って読んでいるあなたは、今、張り裂けそうな心を抱え苦しみの中にいることと思います。

それは、最近かもしくはずっと以前に経験した誰かの死によるものかもしれません。

または、離婚や恋愛関係の破局によるものかもしれません。

人が生涯で経験する「40[*3]以上あるといわれる喪失」のいずれかによるものかもしれません。

あるいは、あなたの人生が幸せで充実したものでないことにあなたが気づいたことが原因かもしれません。

いずれにせよ、あなたは自分がどう感じているのかを知っていますし、おそらくその感情はあなたにとっては居心地が悪いもののはずです。

私たちはあなたがどう感じているかをあえて解説しようとは思っていません。あなたはすでに知っているからです。そして、私たちは、「お気持ちはよくわかります」と言うつもりもありません。なぜなら、私たちにはあなたの本当の気持ちはわからないのですから。

あなたの気持ちはあなた以外の人にはわかりません。私たちにできるのはせいぜい、自分があなたのように何かを喪失した時に、どう感じたかを思い出すことぐらいなのです。

これまでのあなたは、自分の人生に起きたつらい変化にひたすら耐えてきたことでしょう。ですが、大丈夫です。なぜならこれからのあなたは、自分の幸福感を再び手に入れるための行動を私たちとともに学んでいくからです。

本書の使い方の注意点

このハンドブックでは、決して読み飛ばすということをしないようにしてください。心の痛みが解決できる人と、できない人との間にはちがいがあります。リカバリーができる人は、しっかりつくられたプランにきちんと沿って実践している人なのです。ですからあなたがリカバリーを達成できるように、あなたにもプランにきちんと従ってほしいのです。

本書は、喪失の苦しみ、つまりグリーフからのリカバリーに必要な情報を、あなたに提供するためのものです。心の安らぎを得たいと真剣に願っている人には、たくさんのことを提供できると思います。

読み進めていくうちにおわかりになると思いますが、あなたが孤立したり逃げたりすることをやめて、苦しみを完結させるリカバリーの道を自然と選べるようになる方法を本書は説明しています。この本を活用して、ひとつずつ読み進め、丁寧に課題を終わらせていけば、自己流で行うよりも10倍は速くリカバリーができるはずです。

本書には、いたるところに提案や気をつけるべき点、進め方が示されています。どうか決して近道しようとはしないでください。近道をすると、知らないうちに、リカバリーできなかった昔の考え方に戻ってしまいかねません。どうか、リカバリーの道から脱線しないでください。

＊3　詳しくは261ページ参照。

第1章 グリーフはないがしろにされ、誤解されている

グリーフは、何らかの喪失に対して起こる、正常で自然な反応です。ですから、あなたが今感じている様々な感覚も、あなたにとって正常で自然なものなのです。問題なのは、そうであるにもかかわらず、私たちのほとんどが、社会から、これらの感覚は異常で不自然なものだと、信じ込まされてきているということです。

たとえば、みんなの誘いを断ったり、近所づき合いが無くなった人がいるとします。すると周りの人は、「あの人、奥さんを亡くしてから、ちょっと変わってしまったよね」と言い、グリーフにおちいっているという目で見るようになるのです。確かにグリーフの中にいる人もいるかもしれませんが、そうではない人もいるのです。

グリーフは本来、正常で自然なものであり、あらゆる感情のなかでいちばん強力なものですが、実際には、苦しむ本人からも、その周囲の人たちからも最も誤解されたまま、放置されがちな感情でもあります。

グリーフとは、それまで「慣れ親しんだ」行動パターンが変化したり、終わったりしたことで引き起こされる「矛盾した感覚」です。

具体例を挙げて説明しましょう。たとえば、あなたの大切な人が、長い闘病生活の末に亡くなった場合。この時あなたは、大切な人の苦しみがやっと終わってくれたという安堵の気持ちを抱くかもしれません。それは死に関していることとはいえ、悪い感情ではありません。

同時に、もはやその人に会うことも触れることもできないのだということに気づきます。これは、あなたに

とって、とてもつらいでしょう。こうした相反する感情――「安堵」と「つらさ」は、死に対するきわめて正常な反応なのです。

離婚の場合はどうでしょうか。離婚にも矛盾した感情があるのでしょうか。もちろんあります。争いが終わったことで、あなたは晴れて自由となり、開放感を感じているかもしれません。それはプラスの感覚です。

同時に、「もう二度とあれほど美しい、あるいはあれほど頼りがいのある伴侶を見つけることはできないのではないか」と不安になるかもしれません。

こうした相反する感覚――「自由」と「不安」もまた、伴侶を失ったことに対する自然な反応といえます。

恋愛関係、仲間、家族、仕事の関係などにかぎらず、全ての関係性のなかに、慣れ親しんだという側面があります。では、どういうものを失うと、どういった矛盾した感覚が引き起こされるのでしょうか。

死別や離婚はいうまでもありませんが、これら以外にも多くの喪失体験が、グリーフを生み出すと考えられています。いくつか例を挙げてみましょう。

〈グリーフを生み出す体験の例〉

- ペットの死
- 転居
- 新学期
- 元配偶者の死
- 結婚

- 卒業
- 禁煙や禁酒など習慣が変わった時
- がんの告知や大きな病気やケガによって健康状態や生活が変化した時
- 引退・退職
- 経済的な変化（良くも悪くも）
- 祝日
- 訴訟問題
- 子育ての終了

こうした日常生活での体験は、「グリーフを引き起こす出来事」とは見なされないことがほとんどです。けれども、自分が大事だと思っているあらゆる関係の中で、私たちが何かを失うことは決してめずらしいことではなく、当然、私たちにグリーフという感情が引き起こされることもめずらしいことではないのです。

あなたの人生における重大な喪失の出来事が、誰かの死でなかったとしても、この本を読むのをやめないでください。グリーバー（喪失に苦しんでいる人）と向き合って30年、私たちは、一般的に喪失といわれているものの他にも喪失があると考えてきました。

その中には、「信頼の喪失」「安全の喪失」「身体の制御の喪失、つまり身体が思い通りにならないこと（肉体的虐待や性的虐待）」などが含まれます。社会はまだ、これらについてグリーフを引き起こすような問題だというふうには認識していないようです。

信頼を失うということは、ほとんどの人が経験することですが、その人の人生に大きなマイナスの影響を及ぼす恐れがあります。あなたも親に対する信頼、神に対する信頼、あるいは他の関係に対する信頼を失った経験をしているのではないでしょうか。

信頼を失うということも、グリーフにつながります。

そして、そのグリーフの原因となる事象とどう向き合うかも問題です。

前にも述べたように、グリーフは正常で自然な感覚ですが、ほとんどの人たちはそれとどう向き合えばいいかわかっていません。グリーフとは「傷ついた心」のことで、「頭がおかしくなった」ということではありません。

心を頭で癒そうとしても、本来、頭はこの仕事にふさわしい道具ではないので、うまくはいきません。それは金槌で絵を描くようなもので、紙やキャンバスがボロボロになるだけです。

具体的に言うと、「元気をだして」という言葉の後にはよく、論理的すぎるアドバイスが続きます。１９７７年、ジョンの生後まもない息子が死んだ時、悪気なく友人がこう言いました。「元気をだせよ。また子どもはできるさ」。ジョンにとっては、また子どもをもうける肉体的能力があるという言葉は、論理的には正しいものの、実際には不適切な言葉です。わざとではないにしても、彼の心を傷つける言葉です。

なぜなら、彼の正常で自然な感情を軽視しているからです。実際、ジョンは落ち込み、心はひき裂かれました。

ラッセルが最初の妻と離婚した時、彼は心の底から打ちのめされました。その時、友人はこう言ったのです。

「元気だせよ。バツイチなんて今は普通さ」。

グリーバーが喪失感の中にいる時に聞かされるこうした言葉の多くは、論理的には正しくても、感情を救うには何の効果もありません。効果がないどころか、こうした論理的に正しくても不適切な言葉は、グリーバーにしばしば混乱や挫折感をもたらしてしまいます。そして、ますます孤立感を深めさせてしまうのです。

私たちのほとんどが、全ての問題を論理的に解決するように教わってきたからこそ、グリーフはいまだ解決されない大きな課題なのです。

この「論理への偏重」のために、グリーフがジェンダー（社会的・文化的につくられる性別）によってちがいがあるとする学術論文も書かれてきました。私たちは、男性と女性が異なる育てられ方をしてきたことは認識しています。けれども、自分たちの経験から、悲しい感情や痛みをともなう感情、マイナスの感情が、男女という2種類の要素だけでは分けることはできないこともわかっています。感じ方そのものに性による差はなく、「女の子の悲しみ」「男の子の悲しみ」「女の子の喜び」「男の子の喜び」などというものはないのです。

私たちは、論理的につまり知性を使ってグリーフに向き合うことがまったく役に立たないと言っているわけではありません。現に、あなたは今本を読んでいますが、これは知的な活動です。本は、概念を理解し、課題を進めるように提案します。このようにある程度の知性の関わりは必要なのです。

グリーフとリカバリー

グリーフとリカバリーという言葉が並べて一緒に使われているのを見たのは、本書が初めてという方が多いのではないでしょうか。宗教界の人たちや、精神的なことに関わる指導者たちは、何世紀も前から、喪失の体験を、人間が精神的に成長する機会と見なすべきだと語ってきました。けれども現代社会では、私たちは喪失に対する向き合い方を教わっていません。そのため、喪失の深い悲しみにある状態は、他人からみても、自分自身でさえも、誤解しがちです。

リカバリーとは何でしょうか。

- リカバリーとは、平穏をとり戻すことです。
- リカバリーとは、環境によって自身や自分の幸せが決まるのではなく、自分の環境を自らがつくりだせるということです。

●リカバリーとは、また自分が傷つくかもしれないという不安を抱くことなく、生きることの新しい意味を見いだすことです。

●リカバリーとは喪失からくる「後悔」や「自責の念」という、つらい感情に悩まされずに、いい思い出にひたれるようになることです。

●リカバリーとは、喪失を経験した人が、時として悲しくなるのは当たり前のことであり、周囲の人があなたに対してどんな反応を見せようと、自分の気持ちを正直に打ち明けてもまったくかまわないのだと、認められることです。

●リカバリーとは、他人が、グリーフについてよく知らないために、ひどいことを言ったりしたりしても、その人を許せるようになることです。

●リカバリーとは、自らが経験した喪失について人に語れるということが、至極まともで、健全なことだと、気づくことです。

最も重要なことは、リカバリーは、子どもの頃に教えられるべきだった人生に必須のスキルであり、それを今自分で身につけるのだということです。このスキルにより今後は喪失に直接対処していけるのです。

私たちのほとんどは、家に帰った時に、必ずしも大切な人が生きているという保証がないことはわかっています。離婚を経験した人は、家に帰った時に配偶者から変わりなく愛されているという保証がないことをわかっています。

グリーフリカバリーのスキルは、いつでも心が傷ついた時にその傷を癒し、周りの人たち全てと向き合うことができるようにしてくれます。喪失に対する苦しみを完結させることによって知恵と自由が手に入り、それによって、世界のあらゆる物を愛することができるようになるという、うれしい恩恵がもたらされるのです。

深い喪失感から立ち直るのは、たしかになまやさしいことではありません。リカバリーのために行動を起こすには、あなたの「関心」と「開かれた心」「やる気」、そして「勇気」が必要なのです。

グリーフにオープンでいること

私たちは、こんな言葉をよく聞きました。「確実に起きることは、死が訪れることと税金を支払うことだけだ」。この本を読んでいるあなたは、これに、もうひとつつけ加えなければならないでしょう。グリーフ――すなわち喪失を誰もが経験するということです。人は、人生において、幾度となく大切なものを失っていきます。喪失の体験は、誰にでもあることなのに、そのリカバリーの方法については、ほとんどの人が知りません。

グリーバーは、いつも「立ち直りたい」と願っています。そのため、あらゆる手立てを探し求めます。彼らはサポートグループの集まりなどに顔を出し、グリーフに関するパンフレットを読み漁り、本を買い求めます。全てをし尽くしたあげく、グリーフを完結させる手立てはこの社会にはまだ十分整備されていないと知るのです。

時がたてばたつほど、解決されていない苦しみは募ります。グリーフの原因が死別であれ、離婚であれ、他の種類の喪失であれ、リカバリーが未完結では、どんなに幸せになろうとしても、生涯にわたってマイナスの影響を受けかねないのです。

グリーフリカバリーの仕組み

グリーフからのリカバリーは、グリーバー自身が、少しずつ正しい選択をしていくことで、成し遂げることができます。

残念なことに、これまでほとんどの人は正しい選択をするために必要な情報を与えられていませんでした。この必要な情報を提供しているのが、本書なのです。

喪失の体験によって引き起こされた心の痛みに気づき、感情的な痛みを完結させたいと真剣に願っている人を本書は助けます。私たちは、ここで紹介する方法がうまくいくことを、経験上よくわかっています。その方法は、大切な人との死別や離婚、あるいは、それ以外のことでも、喪失を体験した人々にとって広く、有効なのです。

大切な人の死は、「これまではいつも手を伸ばせばすぐ届くほど側にいてくれた人が、再び必要な時に、もはやそこにいない」という感覚を生み出します。

一方でみなさんの中には、亡くなった人との、うまくいっていなかった関係に対処するために、この本を読んでいる人もいるでしょう。私たちはこの関係を「気持ちが離れてしまった人との関係」と呼ぶことにします。これは、かつてあなたが手を伸ばそうとしてもそこに居なかったし、今も居ない人に対して起こる気持ちといえるでしょう。あるいは、まだ生きているけれど、気持ちが離れてしまった関係の相手に抱いている「完結していない感情」もこれに当てはまり、見つけて完結させる必要があります。

離婚によって起こる喪失は、気持ちが離れてしまった人との関係性の矛盾に分類されることがほとんどです。離婚は夫婦間の「性的なつながり」と社会的なつながり」を断ちますが、「感情的なつながり」は完結はされないのです。リカバリーが成功しなければ、離婚者（男性も女性も）は、その後の関係で過ちを繰り返すことがよくあるのです。

完結できなかった過去は未来を台無しにする

私たちは、離婚について道徳的、法的、宗教的、社会的にいい悪いなどの判断をしません。私たちは、単純に離婚に関わった人全てが、グリーバーだと思っています。カップルの子どもや親、兄弟や友人なども、グリーバーです。この私たちの中立的な姿勢によってリカバリーはとてもやりやすくなります。最も大きな問題は、グリーフが完結されていないことだということが私たちにはわかっているからです。

くり返しになりますが、離婚・あるいは破綻した恋愛関係は、グリーフを生み出します。このグリーフは、望み通りにできるはずだった人生を束縛し、未来の配偶者との関係にも否定的な影響を与えかねません。

離婚によるグリーフをきちんと完結させておかないと、その後、あらゆる人と不安に根差した関係を築いてしまうことにもなってしまいます。

グリーフをきちんと完結させておかないと、これ以上心を痛めたくないと思うあまり、過剰なほど用心深くなり、自己防衛に走るようになります。残念なことに、こうした過度の用心は、心を開き信頼し人を愛そうとする能力に制限を加えてしまい、次に訪れる大切な存在になるはずだった人との関係をも失敗に導いてしまいます。

もし、今、大切にしたい関係があるなら、その望みをかなえるために、以前に築いた関係に立ち返り、それに終止符を打たなければならないことに気づいてほしいのです。本書が、いまだ孤立感にとらわれ、ひとりぼっちでいるあなたに、過去の関係を完結させる勇気を与えられるよう願っています。あなたが、健全な新しい恋愛関係を求めて世の中に出ていけますように。

第2章 グリーフについてのさまざまな誤解

グリーフは、あえて複雑にしなくてもすでに難しい問題です。にもかかわらず残念なことに、様々な要因が、喪失に対する人々の反応を悪い方向へ向かわせ、リカバリーを制限してしまっています。ここでは、あなたのリカバリーを失敗させたり、妨げたりしかねない落とし穴について、いくつかの注意点をお話ししたいと思います。

キューブラー・ロスによる5段階モデルについての混乱

エリザベス・キューブラー＝ロス博士の先駆的な研究についてよく知っている人も多いのではないでしょうか。博士は、病気が終末期に入ったと診断されてから、死に向かうまで、人が通過する感情を「否定」「怒り」「取引」「抑うつ」そして「受容」という5段階に分けました。

博士のこの研究が世に与えた影響は、現在の多くの人たちを、それ以外の感情についても、この段階という考え方を当てはめようとさせたことにあります。けれども、大切な人との死別や離婚、その他の喪失を体験した後に訪れるグリーフは、段階で考えるべきではありません。喪失により引き起こされる感覚の性質と強さは、それぞれの関係性とその関係の特異性によって変わります。

キューブラー＝ロス博士のおかげで、病気による終末期の感情の段階については知られるようになりましたが、マイナスの影響もいくつかもたらされました。専門家や一般大衆も、喪失の体験の後に生じる感情に、博士が発表した5段階を当てはめようとしたからです。博士は、終末期に入ったと診断された後の最初の段階を「否定」としました。しかし、他に適した情報がなかったことから、博士の研究はしばしば都合よく誤解され、彼女の言う「否定」はまた、大切な人との死別や離婚の後に経験する段階だとも考えられてきたのです。

私たちはこれまで、グリーバーたちと長年向き合ってきましたが、何かを失ったことを否定しようとする人にお目にかかったことは、いまだかつてありません。

彼らはみな、真っ先にこう言います。「母が亡くなった」「愛犬が死んだ」「妻に離婚された」と。よく考えてみてください。こうした言葉は、何かを失ったことを否定しているものではありません。本書を読んでいる時点で、あなたも、自分の喪失体験を否定はしていないのです。

怒りについてどう考えるか

グリーフについて取り上げた読み物の多くは、怒りというものを、喪失の過程の一要素だと位置づけています。でも、私たちはそうは思いません。

怒りは、何かを失った時の状況と関係していることがあります。また、気持ちが離れてしまった人と関係がもめた時にも、よく見られます。しかし怒りと喪失の過程を結びつけるのは間違いですし、危険でもあります。

たとえば多くの場合、誰かを亡くした時に、怒りの感情はまったくありません。ある男性の例をご紹介しましょう。

「大好きだった92歳の祖母が、病気で亡くなりました。ありがたかったことは、祖母は容態が急変したため、ほとんど苦しむことがなかったことです。私は、祖母と一緒に最後の時を過ごして、私がどれほど祖母のことを想っているか、彼女に伝えました。それができたので、私はとても満足しています。

葬儀には、大勢の人が参列してくれて、祖母の思い出を語り合いました。とてもよかったと思っています。告別式では、力になってくれた友人がさよならを言うようにと、アドバイスしてくれました。

おかげで、私は祖母にきちんと別れを告げることができて、とてもうれしく思っています。もちろん私は、怒ってなどいません」。

これは実際にあった出来事です。もしこの話の中で、何かがちがっていたら、また別の感情が生まれていたでしょう。もし孫である彼が亡くなる前の祖母と話せなかったら、彼は話せなかった状況に腹を立てていたかもしれません。もし祖母が、彼にとって近い存在でなかったとしたら、彼は関係を修復する前に彼女が死んだことに腹を立てていたかもしれません。

この例からもおわかりでしょうが、グリーフがあればそこに必ず怒りの感情が生まれてくるというものではないのです。グリーバーの中には、怒りを感じる人もいれば、そうでない人もいるのです。もし、怒りの感情がわき起こったとしたら、まずそのことを認めて完結させればよいのです。

よく見られる反応

グリーフに段階はありませんが、グリーバーの多くに見られる、いくつかの反応というものはあります。

●**集中力の減退**……グリーバーが寝室にいて、台所から何か取ってこようと考えたとします。しかし、いざ台所に行くと、どうして自分がここにいるのか、まったく思い出せません。喪失感にとらわれ、集中できない状態は、グリーフに対してごく一般的に見られる反応です。

●**感覚の麻痺**……何かを失ったと知らされた後、グリーバーたちが最初に経験するのは、感覚が麻痺することだと、本人たちがよく話してくれます。肉体が麻痺することもあれば、感情が麻痺することもあるし、両方起こることもあります。麻痺している時間は、人によって変わります。この麻痺の感覚は長くてせいぜい数時間です。この反応は、多くの場合、誤って否定の感情として分類されるか、もしくは「気のせい」とされてしまうことがあります。

●**睡眠パターンの乱れ**……グリーバーは、「眠れない」とか、「よく眠りすぎる」、あるいはこの両方の状態が、変わるがわる訪れると訴えます。

●**食習慣の変化**……グリーバーは、食欲が全然わかなかったり、逆に、絶え間なく食べ続けたり、あるいは交互にその状態になると言います。

●**激しい感情の起伏**……グリーバーは、感情が目まぐるしく変わると言います。そしてその結果、肉体的にも感情的にも、しばしば消耗し切ってしまいます。これについては、後で詳しくお話しすることにしましょう。

これらは、喪失に対する、きわめて正常で自然な反応です。その期間は、人それぞれで異なりますし、必ずしもそうした反応が起きるともかぎりません。くり返しますが、グリーフに対する反応は、段階ではないのです。グリーフに段階というものはありません。しかし、人々はこうした定義づけを示されると、必ず、自分にもそれを当てはめようとします。悲しいことに、セラピストや宗教家や医師といった影響力のある権威者から言われた場合は、特にそうです。

いかなる時も誰にも、期限や段階を決めさせてはいけません。

グリーフに絶対的なものなどありません。全ての人が決まって体験する反応というものもありません。「不変」の真実は、「どんな関係も一つひとつちがう」ただこれだけです。

忘れることと、グリーフを完結させることはちがう

いくつもある誤った情報のなかで最もやっかいなのは、人は子どもの死を「決して乗り越えられない」という考え方です。この完全に誤った考え方は、子どもを亡くした親に対してよく言われるばかりか、それ以外のものを失った時にも言われます。子どもを亡くし苦しんでいる親は、こうした真実ではない情報や感情に自分たちを当てはめようとします。

たしかに、こう尋ねたら、答えは想像のとおりでしょう。「お子さんのことを忘れられますか?」「つれ合いや親のことを忘れられますか?」と。いうまでもなく、その答えは「いいえ」です。けれども「忘れられない」ことと、「乗り越えられない」という考えを一緒にするのは間違いです。

この有害な誤解が、グリーバーの心を、いつまでも打ちひしがれたままにして、いかなるリカバリーをもさせず、そして多くの場合、楽しかった思い出を思い出してはいけないのだとグリーバーに思わせてしまうのです。

昨年の1月のことですが、私たちは、数年前の2月に娘さんが自殺したという女性と話をしました。ちょうど話していた時期がそうだったこともあり、彼女は2月が近づくと、娘さんのことをしきりに考えてしまうと打ち明けてくれました。

彼女の頭と心を占めているものの多くは痛ましいものでした。私たちは、この命日が近づくにつれて、この女

性がつらい気持ちになり、それがますます強くなっていく仕組みについて理解しています。娘さんとの関係について話すと、彼女の目は涙で溢れてきて、こう言いました。「私の心は、いつまでも暗く沈んだままです」。彼女の周囲のほとんどの人は、彼女の言葉を受け入れたように見せて、さっと話題を変えてしまうでしょう。でも、私たちは、そうはしませんでした。かわりに、娘さんの良い思い出を、時々思い浮かべるかどうかを尋ねました。

彼女は「思い浮かべます」と答えました。さらに、楽しく心地よい思い出がよみがえると、どんな気分になるかを尋ねました。すると彼女は、幸せな気持ちになると言いました。そこで私たちは、こう質問しました。「良い思い出に浸っている時、あなたの心は沈んでいますか?」――「いいえ」と彼女は言いました。「そうではありません」と。

そこで私たちは彼女に、「ずっと心が沈んだままです」と、人には言わないようにと助言しました。そして「死ぬ間際の娘の心の葛藤や、彼女がもうこの世にいないことを思い出した時は、打ちのめされるわ。でも、娘が楽しく過ごしていた頃を思い出すと、その思い出に浸れたことがうれしくて、幸せな気分になるの」と言うよう勧めたのです。

苦しみを完結させられないグリーバーや、専門家、読み物などがつくりあげた間違ったイメージがあります。それは、「私は、彼女のことが忘れられず、今でも時々思い浮かべます。だから、喪失の苦しさを乗り越えることができません」という理屈で、これはグリーバーの人生を狭め、台無しにするだけなのです。

リカバリーを始める理想のタイミング

先に触れたように、グリーバーにはよく、感覚が麻痺し、集中力が減退するということが起こります。彼らはこれらの反応を見せながら、一方で、失った時の状況について話をしたり、失ったものとの関係について、あらためて見つめ直そうとします（振り返りの現象は全ての喪失で起こります）。

この見つめ直しを利用することで、すぐにでも効果的なグリーフリカバリーを始めることができます。見つめ直しをすることで、相手に伝えられなかったたくさんの気持ちを見つけ出すことは、とても取り組みやすい作業です。どんなに大切にしていた理想的な関係でも、最後には完結させられなかった思いがグリーフとして残るものです。

私たちの記憶は、何かを失った時、それまでより一層正確にそのことについて覚えていられるようになります。これは、信じられないほどたくさんの思い出をよみがえらせる絶好の機会になる場合もあります。

グリーバーは、自分が失ったものについて、誰かに話さずにはいられませんし、また話したいと思っています。家族や親族が亡くなった後に、その家族が、すぐに故人の思い出などを話すのがわかりやすい例です。同様に、離婚や退職、ペットの死、失業、身体の変化などの後も、相手との関係での良い思い出や悪い思い出を話すこともめずらしいことではありません。

喪失の体験や相手とのこれまでの関係について自分から話せるということ自体は、素晴らしいことではありますが、多くの場合、それだけでは気持ちを完結させることはできません。故人たちとの関係について話していくうちに気づく心の痛みを完結させるためには、さらなる行動をとる必要があります。

私たちインスティテュートのメンバーは、グリーフリカバリーセミナーやグリーフリカバリー・アウトリーチプログラム（アメリカのインスティテュートが実施している出張相談会）への参加申し込みをしたものの、当日来ない人たちにとても心を痛めています。時折、彼らは「セラピストから、私がまだグリーフワークに取り組む準備ができていないと言われたから」と言ってキャンセルの電話をかけてくるのです。

そこで、「自分は、いつからリカバリーを始めたらいいのか？」という疑問に答えを出すための２つの質問を考えてみました。

❶転んで脚を深く切り、血が噴き出したとしたら、あなたはすぐに、医師の手当てを受けようとしますか。その答えは、もちろん「はい」ですね。

❷様々な状況や、出来事が重なって心がずたずたになったら、あなたはすぐに手当てをしてもらおうとしますか。それとも、心から血が流れるまま死ぬまで放っておきますか。さあ、どちらかを選んでください！

リカバリーを始めるのに、早すぎることがあるでしょうか。いいえ、ありません。

グリーフリカバリー・インスティテュートは、設立して最初の10年ほどは、葬儀社や霊園の職員、宗教家などの専門家の団体が行っている、グリーバーへのサポートを主に手伝いました。

これらの専門家たちは、誰かの死の後すぐ、数時間から数日のうちに、グリーバーを助けようとし始めます。自分のグリーフに向き合うのに、早すぎるということなど決してないからです。

自殺、殺人、エイズ、その他の悲劇的な状況

感情的な孤立は、グリーバーにとって大きな問題です。自殺や殺人、エイズ、その他の悲劇的な状況など、喪

失の原因に焦点を当てることは、この孤立を深める傾向があります。

グリーフは定義のうえでは、感情的なものと見なされています。死の原因となるものが感情を生み出さないと言っているわけではありません。

明らかに、大切な人が悲劇的な状況で死んだら、全てが不公平だと思うでしょう。こうした思いは、どのように死んだかという状況に影響を受けていることにまず気づかなくてはいけません。そして次に、すぐに2つの大きな真実に向きあわなければなりません。

1つ目は痛みをともなう質問です。

もし大切な人がちがう死に方をしていたら、あなたの愛する人がいない寂しさは軽減されるでしょうか？

答えは常に「いいえ」です。

そして2つ目です。

この死によってあなたの中に感情的に完結されずに残っているものは何でしょうか？

私たちは怒りと否定はグリーバーにとって害となる言葉だと前述しました。「もう大丈夫」はもうひとつの役に立たない、不正確な言葉です。

それは陪審員の評決の後に、メディアがすぐさまグリーバーのもとに駆け寄って、顔の近くにカメラとマイクを差し出すようなものです。彼らは、陪審員の決定によって「もう大丈夫ですか」と尋ねます。答えは常に「いいえ」です。

訴訟によって、公正な判決がもたらされるかどうかはわかりません。しかし、訴訟が終わっても、あなたと大切な故人との間は、感情的には完結されないままです。訴訟が完結させるのは、せいぜい犯罪や違反行為であって、あなたの感情を完結させることはできません。

大切な人が奪われた状況の中から生きる目的を見出す人々もいます。たとえば、志なかばで亡くなった人がいれば、その遺志を継ごうと決意したり、犯罪で亡くなった人がいれば、二度とそのようなことが起きないための活動をするといったケースです。

それが決して悪い訳ではありません。社会の中で、私たちは誰もが、法律、医学、その他の問題に関して意識や注目を向けることによって、得るものがあります。私たちの生活は、こうした改革をしようとする人々のたゆまぬ努力によってよりよくなっています。

しかし、悲しいことに、彼らのほとんどは亡き大切な人との感情は完結させられないままです。彼らは、死の原因に膨大なエネルギーを使って、常にもっと重大な問題、すなわち解決されていない自分の中のグリーフと向き合わないまま過ごします。

大切な人の死や虐待に関する民事・刑事訴訟を起こす正当な理由がある人たちもいます。私たちは、そういう人たちに対して、グリーフリカバリーのための行動をまず初めに行うことをお勧めしています。感情が完結されると、自分の意見をより主張できるようになります。あなたのエネルギーをとり戻すことができるからです。最も重要なことは、訴訟や判決があなたの傷ついた心を癒すだろうという錯覚のもとに動くことはなくなるということです。

「罪悪感」という言葉

グリーフに関連してよく間違って使われる言葉が罪悪感です。私たちは、グリーバーに対して、罪悪感という言葉を用いることはまずありません。この言葉がふさわしいケースは、めったにないからです。

　グリーフリカバリー・インスティテュートで、一般的に交わされるやりとりは、次のようなものです。

グリーバー（相談者）「息子が自殺しました。私のせいです」

インスティテュート「あなたは、息子さんを傷つけるつもりで、何かをしたのですか？」

グリーバー「いいえ」（ほとんど全員がこう答えます）

インスティテュート「辞書によれば、罪悪感という言葉には、わざと人を傷つけたという意味が含まれています。でも、あなたは、わざと息子さんを傷つけたわけではないのですから、『自分のせい』という言葉は、あなたの辞書から消しませんか？　たぶんあなたは、息子さんの死に打ちのめされたから、自分のせいという罪悪感を抱いてしまったんですよ。あなたの気持ちをゆがめる不正確な言葉によって、これ以上自分を傷つける必要はないと思います」

グリーバー「そうですか。これまで、そんなふうに考えたことはありませんでした」

インスティテュート「息子さんにああしていたら、もっとこうしてあげていたらなどと思っていることはありませんか？」

グリーバー「ええ、あります」

　このようなやりとりの後、グリーバーが抑えていた感情が、一気に噴き出します。

　稀ですが、人は他者を傷つける目的で行動することがあります。そういった場合には、謝罪によって、感情の完結を邪魔している障害を取り除きます。

「サバイバー」――もうひとつの誤った言葉

この本をここまで読んできた読者のみなさんは、サバイバー[*4]（生存者）という言葉が見られないことにお気づきかもしれません。でもじつは、私たちはわざとそうしているのです。

たしかに、それは理屈からいえば、正しい言葉です。グリーバーはまだ「生きている＝サバイブしている」のですから。

しかし、サバイバーという言葉を使うと、その人たちに、そういう存在であるとレッテルを貼り決めつけることになりがちであり、そうなると、しばしば、その人たちを危険で苦しい状況から抜け出せなくしてしまうことになるのです。

たとえば、誰か他人が自殺したとして、あなたは「生き残った人」になるわけではありません。誰かがあなたを殺そうとした場合はあなたは生き残ったといえますが、他人が自ら死を選ぶ場合はあなたは生き残ったわけではないのです。

さらに重要なのは、サバイバーという言葉が、グリーバーを定義することになると、その人に、失った時の状況を絶えず思い出させてしまうことです。サバイバーであることがその人の存在理由となってしまうのは、よくあることです。

痛みをともなう、慣れ親しんでしまった強力な存在理由は、グリーバーの人格そのものになります。そして彼らは、まだ解決されていない感情を完結させることよりも、自分自身や自分の苦しみを定義づけすることにのめり込んでしまう場合がめずらしくありません。

その間ずっと、彼らは、亡くなった人に対して、気持ちを完結させられないままになる恐れがあるのです。

世の中には、特殊な喪失の体験、たとえば自殺や殺人、エイズ、子どもの死、あるいは離婚などを経験した人たちだけが集まって組織されたそれぞれのグループがあります。グリーバーは、すでに社会で孤立していると私たちは思っているので、このように彼らを区別することは、その孤立感に、いっそう輪をかけるものだと思います。もちろん、同じような体験を持つ人たちとの交流は、慰めとならないわけではありませんが。

私たちは30年間の第一線での経験の中で、次のようなことを確信しました。

- どのような関係性も、みなそれぞれ異なる。したがってリカバリーの仕方も、人によって異なる。
- 論理上の共通点（喪失の仕方の種類）に着目しても、リカバリーのプロセスを早めることにはまったくならない。
- 悲しみにくれている人を、何を失ったかによって分けることは、短期的には有効かもしれないが、長期的に見れば解決にはならない。

あなたは、どこもおかしくない

死別や離婚などの大きな喪失は、日常しばしば体験することではありません。そのため、その喪失で引き起こされる思考や感情に私たちは慣れていません。ですから、喪失によって引き起こされた矛盾する感情をどうにかしようとして、過去に学んだ情報に頼ってしまうのはしかたのないことかもしれません。たいていの人々は、グ

＊4　アメリカでは過酷な体験（がん、離婚、子どもの死、愛する人の自殺など）を「乗り越えた人」、「逆境に負けない人」の意味で「サバイバー」としばしば称します。

リーフという問題について、間違ったことを教えられてきているということを、本書を通じて私たちは伝えています。

しかし、それによって、社会や親や組織を非難しようなどとは、まったく考えていません。ひとつの世代が、次の世代に、わざと間違った情報を語り継いだわけではなく、人というのは、自分が教えられた知識を、次の世代に、ただ教えているだけなのだと思います。

あなたが探し求めて得た情報やサポートが、喪失からのリカバリーに不十分だと気づいたとしても、それはあなたのせいではありません。実際に正しい情報がなかったからなのです。

すでにこの本を読んでいるあなたは、グリーフに対して心を開いているといえるでしょう。あなたは自分の人生を「この程度のものだ」と決めてかかっているのではなく、人生をさらに豊かにするため、リカバリーのプロセスを始める準備ができているということです。あなたは正常であり、どこもおかしくないからこそ、今この本を手に取って読んでいるのです。

第3章 私たちはもともと喪失と向き合う心構えができていない

何かを失った直後から、自分はグリーフという矛盾した強い感情に向き合う心構えができていなかったということに、あなたは気づかれたのではないでしょうか。

これは誰にでも当てはまります。私たちは、グリーフよりも小さな事故への対処のほうが、はるかによく準備ができています。学校では、死別や離婚、その他の喪失といったことよりも、ケガなどの応急手当の方法についてたくさん教わっていることからもおわかりでしょう。

ここで少し、あなたの経験について考えてみてください。たとえば、あなたは小学校であるいは親からケガの応急手当を学んだでしょうし、高校では保健や安全対策の授業を受けたはずです。

各地域にある赤十字が、応急手当の講習を開いてくれています。緊急の際には、国内のどこにいてもすぐに１１９番に電話できます。誰だって、事故が目の前で起きれば、何をすべきか知っています。

しかし、それに対して、人生の大きな出来事である、大切な人の死や両親の離婚などに対して、どう対処したらよいのかということは、学校や家庭でどれくらい学んだでしょうか。

誰かが腕を骨折した時、三角巾を使うということなどは学んだのに、グリーバーを助けられる人はほとんどいません。毎年、アメリカでは、死別だけでも８００万人の人がグリーバーとなります。

加えて、アメリカでの離婚率は45パーセントを超えています。この統計には、事実婚のカップルは含まれていません。毎年、数百万組の婚姻関係が終わり、当事者ばかりか、子どもたちや両親、親戚、友人たちにも影響を与えているのです。

さらに、アメリカだけでも、毎年ざっと１４００万匹以上のペットが死んでいます。これらに、退職・引退や失業、転職、病気、経済など大きな変化による何百万もの喪失体験を加えたら、驚異的な数になるでしょう。

何かを手に入れる方法は教わっても、失った時にどうするかは教わっていない

私たちの多くは、成功者となって幸せな人生を歩むために、物質的な豊かさを手に入れることが大切だと教わり成長します。

子どもの頃には、私たちは誰でも、なんとかして親からほめてもらおうとします。もう少し大きくなると、「良い子」になることで、クリスマスの時などにおもちゃをもらおうとしたり、認めてもらえるように、学校で良い成績をとろうともします。

友人に受け入れてもらいたいので、魅力的にみえるよう努力もします。目的のものや、人々の関心をどうやって獲得するかということを、大人になるまで学び続けます。広告業界はこの現象をよく知っているので、マーケティング活動は、「ものを得ることで、幸福と満足を見出す」という点に狙いをしぼりこんで行われているのです。

私たちは、ものを得ることについてはずいぶん学んできましたが、それを失った時に何をすべきかということについては、正しい情報は、ほとんど持ち合わせていません。

何かを失うというのは避けがたいことです。時には、失うことを予測できる場合もあります。にもかかわらず、必ず起こりその度に苦痛や混乱を引き起こすとわかっている喪失体験に、どう対応すればよいのかという訓練を、

私たちはきちんとは受けていません。

それどころか、「何かを失った時の対処法などは学ばないように」とか、「その話はするな」とまで言われます。「すんだことはすんだこと」「前向きにならなくちゃ」「きみの気持ちで、他の人を苦しめるなよ」――まだまだ例はありますが、こういったことを言われるのです。

私たちは、生きていくうえで、いくつかの大きな喪失に直面するものです。私たちは、喪失によって起こる感覚の処理について、間違ったことを教えられているのだと気がつかなくてはなりません。

間違った知識で対応するくらいなら、それを知らない方がよっぽどましです。また、たいていの人は、目の前にある危険への対応を、古い考え方に頼ってしまいます。私たちが、あなたが学んできて知っていることは間違いだと説明したとしても、いざ喪失のつらい感覚や思考に直面すると、あなたは古い考え方を使ってしまいます。私たちは、一度覚えてしまうと、同じことを同じやり方で、何度も繰り返してしまうものなのです。

感情的、または、身体的な行動は習慣化しますが、習慣化できるということは、じつは朗報なのです。重要なのは、グリーフに向き合うために役立つ習慣を、これからつくっていくということです。

つまり、まず第一に、新しい習慣を身につける必要があることに、気づかなければなりません。この本を読んでいるあなたなら、グリーフに向き合うためには、より効果的な情報と習慣が必要であることがわかっているはずです。

第二に、その習慣をつくるために必要なスキルを身につけなければなりません。グリーフに対して、それまでの、うまくいかなかった考え方を見つけ出し、うまくいく考え方におきかえることです。

第三に、習慣になるように新しい考え方を実践しなくてはなりません。

この本に従っていけば、あなたは新しい考えを学び、その考えを実践していくことができます。これは、喪失による苦しみを完結させるという目標のためには、不可欠なことです。

本書の課題をやり終えることで、あなたには、人生で起こる様々な喪失や失望にも、他の人よりはるかにうまく向き合う習慣が身につくはずです。

私たちは間違ったグリーフとの関わり方を教わってきた

リカバリーとは何かをお話しする前に、リカバリーができないとどうなるかを検証することが重要だと私たちは考えています。なぜ喪失に向き合うための新しい方法を学ぶ必要があるのかについての理由をはっきりさせなければなりません。

そこでまず、喪失に対して、多くの人がこれまでどのように向き合ってきたかを、ジョンとラッセルの喪失体験を例にご紹介します。

〈ジョンのグリーフ体験①〉

ジョンが初めて喪失との向き合い方を学んだのは、５歳の時でした。

◆◆◆

ぼくの家族は犬を飼っていた。この犬は、ぼくが生まれて家にやって来た瞬間から、ぼくを自分の子どものように可愛がってくれた。

ぼくはハイハイができるようになると、犬のしっぽを引っ張ったりしたが、犬は好きなようにさせてくれた。

そして、どこへ行くにも一緒だった。

ぼくは、大きくなるにつれて、その犬に投げたものを取って来るようがんばって教えた（今考えると、どっちがどっちに教えたのかわからないが）。

犬は毎晩、ぼくと一緒に寝た。母は嫌がったが、ぼくも犬もしつこく一緒に寝続けたので、母はとうとうあきらめた。

ところが、ある朝、ぼくが呼んでも、犬は目覚めなかった。触わった時、とても冷たかったことを今でも覚えている。怖いと感じたことも。

ぼくは母を呼んだ。母は、「犬は死んだのよ」と言った。母が「死」とはどういうことかを、説明しようとしたということは間違いない。しかし、どう話していいかわからなかった彼女の様子もはっきりと覚えている。

愛犬が死んでから数日間、ぼくは、自分の部屋に閉じこもって泣いてばかりいた。両親は、どうやったらぼくを慰められるのか、どうしていいかわからないようだった。そして、とうとうたまりかねて父親が言った。「泣くんじゃない。土曜日に、新しい犬を見に行こう」と。

◆◆◆

いかがでしょうか、このジョンの父親の言葉は、さして深い意味があるようには聞こえないのではないでしょうか。しかし、よく考えてみてください。

私たちは、生きていく中で、多くの様々な方法で学習をしていきます。その中には人から与えられた影響による学習というものがあります。

たとえば、結婚して子どもが生まれるとします。最初の数年、その子どもにいちばん身近で接するのは親です。子どもは親がすることを観察し、真似ることから学習していきます。

そして、たいてい18ヵ月から24ヵ月までには、言葉を覚えていきます。この時から子どもは、親の行動をただ見ているだけでなく、話している内容も理解するようになっていきます。

ジョンの父親の言葉は、ジョンに次のような意味を伝えたのでした。

「泣くんじゃない……」

⬇**元気をだして**

「……土曜日に新しい犬を見に行こう」

⬇**失ったものは、他のもので置き換えよう**

ジョンは、父親を信頼していました。そんな父親に影響されて、喪失にどう向きあったらよいのかについての考えができあがっていきました。

彼は、父親の助言に従って、とにかく元気をだそうと努めました。父親に認めてもらいたいと思っている幼い子どもにとって、これは、人生で最も重要な人物からの、強力な教えだったからです。

ジョンはこう説明します。「ぼくは、この時思ったんだ。父がこんな方法で死というものに向き合うのなら、ぼくも同じように向き合わなくちゃいけないんだって」。

そして実際に、土曜日になると、ジョンの父親は息子を保健所に連れていき、新しい犬を手に入れてくれたのです。

ジョンの心の中はこうでした。

◆◆◆

ぼくはまだ、前の犬が忘れられなかったけど、そのことを誰にも言わなかった。そんなことを言ったらみんなが嫌がると思ったから。

やがて、死んだ犬のことは忘れてしまった。けれども、ぼくは、前の犬を愛したようには、新しい犬を愛せないということがわかった。なぜそうなのかはわからなかったが。

◆◆◆

その言葉のとおり、ジョンが新しい犬を愛せなかったのは、おそらく前の犬に対する思いが完結していなかったからだと思われます。

ジョンは、14歳の時、初恋をしました。幼い恋だったかもしれませんが、彼にとっては真剣なものでした。

◆◆◆

とても素晴らしい経験だった。ぼくは食べることも眠ることも忘れるほど彼女のことで頭がいっぱいだった。鳥はさえずり、ラジオのラブソングに聴き入ったりした。それに、前ほど友だちと出歩くこともなくなった。

彼女と別れた時ぼくは、本当にショックを受けた。ぼくにとってとても大きな喪失だった。何日も、傷ついたアヒルのようにほっつき歩いた。その様子を見ていた母が、とうとう見かねてこう言った。

「元気をだして。海には、他にも魚はいっぱいいるから（素敵な女の子はたくさんいるから）」

◆◆◆

すでにその頃になると、ジョンは何かを失った時に、どうすべきかということをはっきりわかっていました。

彼は、喪失と向き合う方法としてふたつの教えを身につけ、生きていたのです。

❶元気をだして

❷失ったものは、他のもので置き換えよう

〈ラッセルのグリーフ体験①〉

ラッセルも子ども時代、ジョンと非常によく似た体験をしました。同じような状況で、「元気をだして」と「失ったものは、他のもので置き換えよう」といった言葉が使われたのです。

ラッセルは落ち込んだ時、「元気」ではいられませんでした。どんなささいな喪失の体験でも悲しく感じました。悲しんで泣いていると、よく、こんな言葉をかけられました。

「これ以上泣き続けるつもりなら、自分の部屋へ行ってひとりで泣きなさい」。

ラッセルは、自分の気持ちを隠そうと努めました。でも一方で、母親に、まだ悲しい気持ちが残っていると話そうとしました。すると、母親はこんな格言をひっぱりだして言いました。

「笑いなさい、そうすれば世界中があなたと一緒に笑ってくれるのよ。泣くのなら、ひとりで泣きなさい」。

悲しい時、誰かが寄り添ってくれれば少しは楽になれるかもしれないと思ったタイミングで「ひとりでいなさい」と教えられたことでラッセルの心は傷つきました。

「ひとりでいなさい」

↓悲しむ時はひとりで

「相手にされない」、「誤解されている」。そんな気持ちのまま子ども時代を終えるとしたら、とても悲しいものです。しかし残念ながら、この種の間違った考え方が一生涯続く習慣の基礎となり、その習慣の多くが、幸せになろうとする私たちの邪魔をしているのです。

ラッセルは、結婚生活の中で、何度となく、妻と口論になっては家を飛び出し、近所をあてもなくドライブしたことを覚えています。彼の車は子どもの頃の彼の部屋のようなものでした。子どもの時と変わらなかった習慣は「人前で泣いてはいけない」ことでした。

ほとんどの人が、ジョンとラッセルのような間違ったグリーフの対処法を教えられて育っていて、「みんなから離れて、ひとりになる」とか「ひとりで悲しむ」ことが正しいと思っています。もうひとつ不幸な点は、そこからこんな結論が引き出されてしまうことです。私が「ひとりで悲しまなければならない」としたら、他の人だって同じはずだ。

このため友人が喪失の体験をした時など、私たちはよくこう言ってしまうのです。「彼女をそっとしておいてあげて」とか、「彼はひとりになる必要があるんだ」などです。

〈ジョンのグリーフ体験②〉

祖父が亡くなった後のジョンの経験は、悲しむ時はひとりになるべきだという社会の考え方がいかに根深いかを示しています。

◆◆◆

1958年に私の祖父は亡くなった。彼は私の人生において、とても大きな存在だった。当時、おそらく父よりも祖父のほうが私にとって近い関係だった。毎年夏には祖父の農場で過ごし、釣りや狩り、そして初めて野球のやり方を学んだ。

高校の授業中に、祖父が亡くなったことを聞かされた。体からあらゆる感覚が失われていったのを今も覚えている。ボーっとしてきて、そのまま意識がどこかに行ってしまったかのようだった。数分後に泣き始めてしまい、周りの友人たちは気まずかったのだろう。ひとりになれるようにと、私を校長室に連れていってくれた。

友人たちは、どうしたらよいのかわからないながら、私を校長室に連れていき、ひとりにさせてくれたのだ。

さらにもう一度、私は、周りの大人たちの習慣を思い知らされた。その夜、家に帰った時に、こうしたつらいことはひとりで対処しなければいけないという教えを、さらに信じ込まされたのだ。母はうつむいてリビングに座っていて、明らかに泣いていた。彼女を見たとたん、私は駆け寄って一緒に泣きたかった。でも父と叔父までがやって来て、私にこう言った、

「お母さんをそっとしておいてあげなさい。しばらくしたら、きっと良くなるはずだから」。

◆◆◆

このようにしてジョンとラッセルは、喪失に立ち向かう3つ目の方法を知ることになりました。

1 元気をだして

2 失ったものは、他のもので置き換えよう

3 悲しむ時はひとりで

ところが、こうした教えのどれひとつとして、まったく彼らの役には立ちませんでした。

ジョンがイリノイ州で祖父の死に苦しんでいた頃、ラッセルはフロリダで10代の多感な年頃になっていて、非常に大変な時期を過ごしていました。

〈ラッセルのグリーフ体験②〉

人生を歩む中で次々と喪失に見舞われるたびに、ラッセルは、それまでと同様の、まったく役に立たない考えでやりすごすしかありませんでした。しかし、そうした考え方では心に平穏をもたらすことができなかったために、彼には、人生がだんだんつまらなく悲観的なものに思えてきました。

つらい出来事が起きるたび、彼は「元気をだそう」とし、「ひとりで悲しもう」としてきたのです。いつしか彼は、自分は生涯幸せを感じることはないだろうと思うようになりました。

追い詰められたラッセルは、母親に打ち明けました。自分を苦しめている考えや気持ちに、うまく向き合えそうもないと訴えたのです。母親は、息子をやさしく見つめて、こう言いました、「時間が経てば楽になるわ」

「時間が経てば楽になるわ」

➡焦ってもしかたがない

ラッセルは、母親から愛されていたと、絶対の確信を持っています。もちろん、母親のほうも、息子を傷つけるつもりなど微塵もありませんでした。彼女はただ、自分が教えられてきたことを、息子に伝えたにすぎないのです。

〈ラッセルのグリーフ体験③〉

1972年、ラッセルは最初の妻ヴィヴィアンと離婚をしました。そしてラッセルは、絶望のどん底に突き落とされました。ゾンビのように、ぼんやりとしながら近所を徘徊しました。普段は話し好きで社交的なのに、ほとんどしゃべらなくなりました。

「元気をだす」ようにしないといけなかったのですが、完全にまいってしまっていたのです。やがて、体調も崩しました。「悲しむ時はひとりで」と教えられてきたので、ほとんどの時間をひとりで過ごしました。

友人たちが好意から、また誰かとデートしたらいいと勧めたことが、「失ったものは、他のもので置き換える」という、子どもの頃に受けた教えをますます揺るぎないものにしました。ラッセルは気分が晴れず、他の女性とデートをする気にはなれませんでした。

それと同時に、「時間が経てば楽になる」という教えも思い出しました。考えてみると、このふたつは矛盾をはらむ教えです。なぜなら失ったものを他のものと置き換えれば立ち直れるというのなら、時が癒してくれるまで待つ必要などありません。一方、時が癒してくれるなら、失ったものを、急いで他のものと置き換えようとしなくてもいいのですから。

じつは、いくつかの間違った考えの中でも、「時間が経てば楽になる」という考えほど、社会の中で人々の心を苦しめているものはありません。最も恐れるべきことは、それが真実ではないということです。それにもかかわらず世代から世代へ受け継がれてきてしまった、重大な間違いのひとつなのです。

時が過ぎれば、何かが魔法のようにまた元の自分に戻してくれるはず。この考えは何の根拠もありません。私たちが、激しい体の痛みと戦っている時に、誰も「焦ってもしかたがない」などとは言わないはずです。

あなただって目の前で誰かが腕を骨折した時「焦ってもしかたがない」などとは言わず、急いで対処しようとするでしょう。骨折が、きちんと骨をくっつけて、元のように動かせるようにしなければならないのと同じように、心もそうしなければならないのです。

多くの人が長い間、悲しみに沈み、ふさぎこんだままでいる理由は、「時が楽にしてくれるのを待っているから」ということを、私たちは知っています。残念なことに、彼らはそれが真実だと思い込んでいます。長い時間をおけば、また安らかな気持ちになれると考えて、何年間も、何もしないで、ただひたすら待っているのです。

読者のみなさんは、これが正しい行動ではないことをわかっていますね。

あるセミナーで、私たちは、「20年以上も前の死別や離婚による心の痛みを、今も引きずっている人がいたら、手を挙げてください」と参加者にお願いしました。予想どおり、大勢の人が、自分はそうですと手を挙げました。そして、彼らはみな、時が痛みを解決するだろうと信じていたのです。

私たちは、ひとりの女性に、「自分が回復するのを20年も待つのは、長すぎると思いませんか？」と尋ねました。彼女はためらわずに、昔からよくみんなが言うようなことを答えました、「ええ、そう思います。けれど、他にどうしていいかわからないんです」。

この苦痛や焦燥感を、あなたは想像できるでしょうか。時間がかかりすぎているとは思いませんか？

時が楽にしてくれるのを待つことが、いかにばからしいかを説明するために、次の質問をします。自分の車のタイヤがパンクしていることに気づいたとします。あなたは車のそばに座って、ただひたすらタイヤに空気が戻るのを待ちますか？　ばかげていますよね。

時間そのものが、あなたを楽にすることはありません。喪失による心の痛みを完結させるためには、その時間の中で、あなたが何をするかということが大切です。

ジョンとラッセルがかつてグリーフについて学んだ誤った考えを、まとめてみましょう。

❶元気をだして

❷失ったものは、他のもので置き換えよう
❸悲しむ時はひとりで
❹焦ってもしかたがない

〈ラッセルのグリーフ体験④〉

1957年、ラッセルの祖母が亡くなりました。

祖母は、ラッセルの母親が仕事に復帰してからずっと、彼の家族と一緒に住んでいました。祖母は、主にラッセルの10歳年下の弟を、熱心に世話していました。

ラッセルは祖母に特別な親しみを感じたことは一度もありませんでした。時々、彼は祖母が自分には意地悪だと感じていました。当時のアメリカの家庭では、家族について否定的に話すことはいけないことで「血は水よりも濃い」という考えが一般的でした。

ラッセルは、祖母が亡くなった時に集まった家族が、こう言ったのを覚えています。「私たちは、（愛する人を失った）きみの弟のために、強くならないといけないね」。

「強くならないといけないね」

⬇他の人のためにしっかりしなさい

その言葉の中に、どうやって強くなるのか、具体的な指示はありませんでした。「他の人のためにしっかりしなさい」というのは、聞こえは良いけれど、意味のない言葉のひとつです。

ずっと後になって、ラッセルは最初の妻と離婚した時、「他の人のためにしっかりしなさい」という教えを思い出しました。これは、ラッセルがグリーフに立ち向かうときの数少ない教えのひとつでした。

しかしすぐに、彼は、これが自分の離婚には当てはまらないことに気づきました。自分自身が、その支えてあげるべき「他の人」であり、こういう場合はどうすればいいのか全くわからなくなってしまったのです。

私たちは約30年ほど、グリーバーを助けてきましたが、「他の人のためにしっかりしなさい」という言葉は、悲しみに関する全ての誤った教えの中で、最も混乱を生むベストテンに入るものだと思います。どうにも実行できないために、グリーバーは混乱してしまうのです。

ところで、ここまでで、ジョンとラッセルは5つの誤った教えを得ています。

1 元気をだして
2 失ったものは、他のもので置き換えよう
3 悲しむ時はひとりで
4 焦ってもしかたがない
5 他の人のためにしっかりしなさい

グリーバーにとって、役に立たない教えは数多くあります。これまでに挙げた5つは、たぶんあなたも聞き覚えがあるのではないでしょうか。よく言われていることだからです。

次の教えもまた、広く世間では知られているので、ほとんどの人が、真実であり役立つと思い込んでいますが、じつはまったくそうではありません。

「別のことをして気を紛らわしなさい」とか「動いていたほうがよい」などというのは、大きな喪失の体験の後に、誰もが聞かされる、陳腐な決まり文句です。

➡別のことをして気を紛らわす

大切な質問をします。

忙しくしていれば、失ったことによる痛みを、見つけ出して完結させることができますか？

答えは、明らかに「いいえ」です。

忙しくしているといったい何を成し遂げられるというのでしょうか？　あなたの気が散っているうちに、また新たな一日が過ぎ去ってしまうだけです。

そして忙しくしているということの陰に心の痛みが隠されてしまいます。私たちと話をしたグリーバーたちは、こう言います。

「どんなに忙しくしていても、寝る前になると、心にぽっかり穴が開いてしまうんです」

あなたを疲れさせることの他にも、忙しくしていることには、いくつかの危険があります。

先に私たちは、グリーフを「慣れ親しんだ行動パターンが終わったり、変化したりすることによって引き起こされる、矛盾した感覚」と定義しました。死別、離婚などといった大きな喪失の体験は、それまで当たり前のようになじんだ、全ての事柄に多大な変化を生じさせます。

何かを失った後の人生に順応することは大変難しいことです。もしあなたが、何かを失う前はせわしく動く人でなかったとしたら、今忙しくしていることは、それまでなじんだ行動パターンに、もうひとつ大きな変化を加えることになるわけです。

忙しくしていることの最も危険な点は、そうしていれば、やがて心が穏やかになるだろうと考えてしまうところです。ところが、忙しさは、あなたの気を紛らわせるだけにすぎません。

喪失による痛みを完結させるには、そのための行動を起こす必要があることに変わりはないのです。次のような嘆きをどれほど聞いたことでしょうか。

「わからないんです。忙しくしているのに、気分はどんどん落ち込むばかりで、少しもよくならないんです」

ジョンもラッセルも、そしてみなさんの多くも、喪失から抜け出す方法について、いくつもの誤った情報を持たされて、人生に送り出されたのです。私たちがこれまでに発見したことをまとめると次の6つになります。

1 元気をだして
2 失ったものは、他のもので置き換えよう
3 悲しむ時はひとりで
4 焦ってもしかたがない
5 他の人のためにしっかりしなさい
6 別のことをして気を紛らわす

こうした教えはどれも、あらゆる関係から生じた、まだ自分の中で完結させていない感情に気づき、完結させることには役立ちません。

自分から進んでリカバリーに「参加する」

先に私たちは、グリーバーはひとりになれと教えられてきた、そうお話ししました。たぶんあなたも、そうしてひとりになった経験があるでしょう。

「他の情報から隔絶し孤立すること」はグリーバーが直面する問題のひとつです。逆を考えれば、他の情報に接し行動することが、悲しみから抜け出す解決策になることは明らかです。

あなた自身がリカバリーを進められるよう背中を押すために、私たちは、今すぐ行動し始めることを提案したいと思います。

先に挙げた6つの間違った教えのリストを参照して、悲しみや苦痛などへの対処法として、あなたが教わったり影響を受けたりした考え方はどのようなものだったか、チェックしてみてください。

信頼の喪失

悲しい出来事が起これば、悲しいと感じるのは正常で自然なことです。ところが、私たちがこの正常で自然な反応を表現すると、「元気をだして」で始まる1つまたはそれ以上の間違った考え方に、必ず出くわします。

ジョンとラッセルは、自分たちが体験したたくさんのつらい感情について、両親や先生、コーチやその他の人々に相談してきましたが、その都度、理屈っぽい答えしか得られませんでした。

こうして自分たちの助けにならない対応しか得られないことが度重なって、彼らは他者への信頼を失くしてしまいました。最初に信頼を失くしたのは両親や他の権威的な大人に対してだったのですが、最終的には、彼らは全ての人間関係が信頼できなくなりました。

〈ジョンのグリーフ体験③〉

ジョンの父はアルコール依存症で、酔っ払うと、ジョンがやってもいないことに対してくり返しジョンを叩きました。

ぼくはやってないと言っても、父さんはぼくを信じてはくれなかったし、結局ぼくはいつも叩かれたんだ。それはとても不公平で、だんだんぼくは父さんを信じられなくなっていったんだ。

この喪失のことは、誰にも知られることはなく、解決もされなかったので、ジョンの大人に対する不信感はますますつのっていきました。彼は人が信用できず、ますます用心深くなりました。そしてジョンのやる気や自由は制限されていったのです。

ジョンが信頼できる関係性の種類も相手も、さらに制限されていきました。かくして彼は全ての権威者に対して警戒心を持つようになりました。

「この経験から人間不信となった自分を正当化するつもりはないよ」とジョンは言います。信頼を裏切られることはつらいので、解決方法は誰も信用しないことで、そうすれば心を痛める心配もなくなるということをジョンは学んでしまったのです。

〈ジョンのグリーフ体験④〉

ジョンは、最初のガールフレンドと別れたことで、人を信用しないという考えをますます強く持ってしまいました。その時から、彼は交際する女の子をなかなか信用できなくなっていきました。

彼はもう二度と傷つきたくなかったので、煮え切らない消極的な態度をとっていました。そうするうちに彼は元気がなくなっていきました。

多くのグリーバーが、また喪失することを恐れて、新しい関係をなかなか始められないでいます。みなさんのほとんどは、死や離婚やその他の喪失との関係において、まだ完結されていない何かがあるということに気づいているから、この本を開いてくださったのでしょう。または、親切な友人や親戚からこの本を勧められたのかもしれません。

本書を読み進めて、リカバリーに向けて行動していくにつれて、あなたは自分が人を信頼できなくなっていたことに気づくかもしれません。

私たちは、あなたに安心だと感じなさいとか自分の感覚を信じなさいとか、命令することはできません。けれども知っておいていただきたいのは、私たちもかつてはそういう状態だったということです。同じ様に不安でした。私たちは、感情を論理に変換するように強くしむけられてきたので、自分には感じる能力が完全に欠落していると思い込んできました。ですから、たとえ今は信じるという感覚が持てなくても、どうぞ読み進めてください。

練習を続ければ習慣になる

なぜ私たちは、役に立たない情報をかたくなに使い続けようとするのでしょうか。その理由を理解するには、いわゆる意識[*5]という「コンピューター」について、多少知っておく必要があります。

まず第一に、意識は、過去に学んだことにしかアクセスできません。知らないことは使えないのです。あなたが間違った情報しか与えられていなければ、それしか利用できないのです。

第二に、意識に蓄えられた情報には、その重要度も一緒に蓄えられます。つまり、情報源が本人にとって重要であればあるほど、その情報を正しいと強く信じ込んでしまうのです。

ジョンとラッセルが得た情報のほとんどは両親からのものですが、子どもにとって親は非常に重要な情報源です。

第三に、意識の仕事は、どんなことであれ、自分が蓄えたものは常に正しいと信じることです。だから、人々は、他人の言葉に耳を傾けず、たがいに激しく批判し合ってしまうのです。

たとえば、自分のことを正しいと信じている時に、他人があなたに賛成しないと、「彼らのほうが間違っている！」と思う、これが良い例でしょう。

私たちが、喪失の体験によって引き起こされた、様々な感情を処理しようとして、誤った情報にこだわるのは、これらの理由によるのです。私たちはみな、自分が今もっている喪失にまつわる知識は正しいと思っています。けれども、あなたが今、この本を読んでいるということは、これまで実践してきたことでは、安心感も幸福感も得られなかったことを意味しています。

自分が間違った教えを実践し習慣化してきたという事実を認められれば、正しい教えを実践すれば異なった結果が得られるということも容易にわかるでしょう。

私たちは、あなたと誰か（その人が生きていても亡くなっていても）との間で解決していないものを見つけ出し、完結させるのに役立つ正しい情報を提供します。あなたがすべきなのは行動を起こし、ここで学んだことを実行することです。

＊5　特に潜在意識のこと。ここでは意識という言葉を使用します。

第4章 周囲の人々も、喪失と向き合う準備ができていない

第3章を読んで、おそらくあなたは、自分にもいくつか身に覚えがあると思ったことでしょう。喪失に対して誤った対処をすることを学んだ、幼い頃の経験を思い出したかもしれません。私たちはほとんど誰もが、頭の中のコンピューターに何らかの、不充分で不適切な情報を蓄えているものです。

グリーフが引き起こされる状況におちいった人が、周囲の人々に慰めを求めることは、自然で、健全なことです。でも、グリーバーはそれが役に立たないことにすぐに気づきます。たとえ親しい人たちが良かれと思ってかける言葉であっても、グリーバーにとっては適切ではなかったりします。

どう声をかけていいのかわからない

まずグリーバーが、よくかけられる言葉を見ていきましょう。あなたの喪失の原因が、死別や離婚や、他のどのようなものであったとしても、こんな言葉を聞いたことがあると思います。

「気持ちはわかるよ」

これは、深い同情と慰めの気持ちから発せられる言葉です。

けれども、ほとんどの人はこの言葉に少しも慰められなかったという報告がありました。良かれと思って発せ

られた言葉なのに、ほとんどのグリーバーが、なぜ強い拒否反応を示すのでしょうか。答えは、前にも述べた、グリーフとグリーフリカバリーについての真理にあります。その真理とは、

全ての関係は、それぞれが特異のもので、これに例外はない。

ということです。これはつまり、誰もあなたの気持ちはわからないということ。たとえ同じような喪失を経験した心優しい友人ですら、あなたの気持ちはわからないのです。

似たような喪失の経験というのは、理屈のうえでの分類でしかなく、感情的な助けにはなりません。一つひとつが異なる「関係」には、なじまないのです。私の母が死んだことと、あなたの母親が死んだことは、理屈で分類された共通の事実にすぎません。

この一人ひとりが異なるという事実は、靴の大きさが人それぞれだということとそれほど変わりません。辛辣だと思われたかもしれませんが、敢えてこのように話しているのです。私たちは、強烈な感情的な真実を、頭で理解しようとすることをやめなければなりません。

たとえば、あなたの母親はおっちょこちょいで温かく、優しい人だったとします。一方、私と母との関係は、寒々として喧嘩が絶えず、悲惨なものだったとしたら、あなたに「私の気持ちがわかる」でしょうか。くり返しますが、あらゆる関係は、それぞれが特異で、これに例外はありません。

あなたがこの単純な事実を理解し受け入れた時、リカバリーの道の上に立ったといえます。リカバリーというのは、あなた「だけの」関係の中で、まだ未完結のものを「見つけ出し、完結させる」ということです。

私たちの周りにいる心優しい人々の多くは、自分自身が、グリーフからきちんとリカバリーした体験を持っていないため、それを人に伝えることができません。その結果、そうした人たちは、知らず知らずのうちに、私たちに立ち直ったふりをさせてしまうのです。これは、非常に多く見受けられる現象ですが、どのような場面でそれが起こるのかは、次の章で説明をしたいと思います。

他者の感情と向き合うのが苦手

私たちは小さい頃から、なぜか、悲しいとかつらいといったマイナスの感情を他人に見られるのは恥ずかしいことだと教えられてきました。それはこんな言い聞かせから始まります。「もう大きいんだから、泣かないの」。「泣くのをやめないと、おやつ抜きよ」と親から言われたことがある人もいるかもしれません。

親に悪意があるわけではないので、ひどい親だとは思わないでください。親はただ、自分が教わったことを自分の子どもに伝えているだけなのです。親が教わってきたのは、悲しいとかつらいといった「マイナスの感情」を人に見せることは、社会では受け入れられないということです。

「やーい、泣いてる！　泣いてる！」幼稚園の遊び場などでよく聞く言葉です。これは、わずか4～5歳で、すでに他人の感情に接する気まずさを学んでいる証拠です。

日頃よく聞く次のような言葉は、人の悲しみの感情に触れる気まずさを表しています。

「気を強くもって」

「しっかりして」

「がんばって」

「元気をだして」

人々は、目の前で、つらく悲しい感情を見せられることに居心地の悪さを感じます。このため、感情的な喪失によって起こる自然の感情を表に出すことへの恥ずかしさがいつまでも消えないのです。

話題を変えようとする

あなたは感情が揺さぶられた大切な出来事を友人に伝えようとしたことがあると思います。友達はしばらく聞いてから、こう言ったのではないでしょうか。「それは本当に大変だったね。ところで、最近のあのニュースのことだけど……」

これはよくある例ですが、実際に何が起こっているかを説明しましょう。別の例を詳しく見てみましょう。

たとえば、母親と死別して悲しんでいるグリーバーが、友人にその気持ちを伝えようとしたとします。

友人「最近、どう?」

グリーバー「まだ、ちょっとつらいかな。母がいなくなって、やっぱり寂しいんだ」

友人「元気だしなよ。お母さんは天国で幸せにしてるよ」

これは巧妙な「話題の転換」の例です。悲しみに沈んでいるグリーバーがいます。しかし、その友人は、話題を本人の気持ちから亡くなった人にすり替えています。愛する人は天国に行って幸せなのだから、きみも苦しむべきではない、と暗に言っているのです。

この時に友人が用いているやり方は、ほとんどの人が使っているものと同じです。この友人も私たちと同じように、ただ間違った考え方を教え込まれてきただけなのです。友人は、親切にも、今までに受けた訓練を実行しようとしたにすぎません。

こうした話題のすり替えは、テレビの情報番組などでも見られる光景です。

ある感動的なＶＴＲを見た後で、コメンテーターが「もらい泣きしそうなので、次のコーナーにいきましょう」といった場面を見ることがあります。

これは、感情の高まりを見せることは人々からは受け入れられないという、視聴者に対する明らかなメッセージです。言い換えれば、「感情と向き合わなければならないような場合は、話題を変えましょう」ということなのです。

悲しみを頭で理解しようとする

グリーバーの感情を頭で理解しようとすることは危険で、逆効果になります。

グリーフを定義すると、「喪失に対する感情的な反応」です。喪失の原因自体は頭で理解できるものですが、喪失に対する反応は感情的なものです。

頭で理解しようとすることが悪いというわけではありませんが、知性と感情の両方が必要な場面で、両方を使ってはいけないとはどこにも書いてありません。人間の優れた才能のひとつは、感情表現をして伝える能力です。しかし世間は、この能力をマイナス評価しているようにさえ見えます。

感情を軽視して論理に頼ることが、現代では主流になっています。グリーフに関する場合は特にそうです。その理由のひとつは、たとえば大切な人の死が、日常的に起こることではないからです。

ある統計によれば、私たちは9～13年ごとに大切な人の死を経験するといわれています。その他の大きな感情の喪失と合わせても、大きなグリーフの出来事はまれにしか起こらないので、そのような経験に慣れることはないのです。知識不足であるがゆえに、間違った情報をもとにしたグリーフとの向き合い方を続けることになります。

そうした事情で、グリーフを引き起こした出来事に対して、完結できないという結果をもたらします。

人々が感情的な痛みを頭で解決しようとすることは驚くことではありません。私たちは、日頃、理屈に頼っているために、頭で考えることに慣れてしまっているのです。

私たちのセミナーで行った非公式の調査では、参加者が大切な人を失った後に言われた5つの言葉のうち平均4つが、体験している感情に向き合うべきではないといった内容でした。しかも、彼らが言われる言葉はたいてい理性に訴えるものでした。その調査では、グリーバーが大切な人と死別した直後によく聞かされた言葉の多くは、似通っていてありふれたもので、大きく2つに区分することができました。

1つ目は、グリーバーに「役立つ言葉」、2つ目は、グリーバーに「役立たない言葉」です。役立たない言葉は、善意のものではあっても、決まって理屈に訴えたり、難しい助言だったり、従うことが危険だったりする助言です。たとえば次のような言葉です。

「もうひとり子どもがいるのだから、その子を大切にしてね」
「これからの生活があるからがんばらないとね」
「天国で幸せにしているよ」
「誰でもいずれは死ぬんだから」
「彼女の人生は幸せだったと思うよ」
「また、良い人が見つかるよ」
「神様は乗り越えられる試練しか与えないよ」
「長い間一緒にいられたことに感謝しないとね」

これらは全て、私たちグリーバーが言われた言葉です。グリーバーは激しい心の痛みの真っただ中にいるので、理性に訴えるこうした言葉は、本来まったく不適切なのです。離婚やその他の大きな喪失感を抱える人に対しても、心優しい友人たちは、似たような、役に立たない言葉をかけます。

耳を貸そうとしない

死別や離婚の後に言われる言葉だけに限定しないで話しましょう。次に述べる状況は、死別や離婚とはなんの関係もありませんが、人間のいたって正常な感情に対して、周囲がいかに誤って対応するかがわかるので、このことについてお話ししたいと思います。

ある女の子が、小学生の頃、家で誕生会を開いた時の話です。その女の子は数人の友人を招待しましたが、当日電話がかかってきて、特に仲のよかった友だちの何人かが「誕生会に行けなくなった」との連絡がありました。仲の良い子たちが来られなくなったことで、その女の子はとてもがっかりしました。母親のところに行って、そのことを話したところ、母親はこう言いました。「元気をだして。他の友だちも来ているから楽しめるわよ」

前に、ジョンの犬が死んだ時やおじいさんが死んだ時のことをお話ししましたが、それらの時も周囲の最初の反応は常に「元気をだして」でしたね。繰り返しますが、こうした言葉は「今感じているように感じないでください、なぜなら悲しいとか、つらいとかの否定的な感情は良くないということになっているから。あなたは、より受け入れやすい、肯定的な感情を見つけなければならない」と言われているようなものです。

誕生会の話に戻りますが、その日たまたま、一家の知人が遊びに来ていました。その女の子はもう一度、自分の話を聞いてもらいたいと、その知人に何があったかを話しました。知人はきちんと聞いて、それからこう言ったのです。「かわいそうに。それは、さぞがっかりしたろうね」「うん」。彼女はすすり泣き、知人は彼女の背中をさすってくれました。彼女は、話を聞いてくれたことにお礼を言い、再び涙を拭いて、それから誕生会を楽しむことができました。胸のうちを聞いてもらい、それを受け入れてもらったからです。

グリーバーは、自分の話を解決してほしいのではなく、ただ聞いてほしいし、そして聞いてもらう必要があるのです。この実話でも、その知人は、何も解決はしていません。知人はただ、その女の子の言葉に耳を傾けただけです。でも、その子には、それで充分でした。彼女にとって、誕生会は自分の思い描いていたものとはちがってしまったけれど、残った時間を楽しもうという、理性的な判断をすることができたのですから。

ある意味、効果的なグリーフリカバリーは聞いてもらうことだともいえるのです。

死についての話題を避ける

もうひとつの問題は、人々の、死に対する考え方であり、死については話そうとしないということです。事実、人々が、死について話すことを極端に避けるようになってしまったことから、なかには「死」という言葉を口にすることすらできない人もいます。少し、考えてみましょう。


「彼女は他界した」

「彼はお迎えがきた」

「パパは旅立った」

「彼はあの世に行った」

「彼は天国に行った」

「母は仏様になった」

「祖父は、永眠した」


これが、正直な返事を期待している子どもにとって、どのように聞こえるか、想像してみてください。

「おじいちゃんはどうなったの？」

「おじいちゃんは長い眠りについてしまったんだよ」

その子は、柩の中の祖父をちらっと見て、この答えはどこか変だと気づきます。彼は混乱しますが、本当のことを教えられたのだと思うようにします。眠りには2種類あるにちがいないと。そしてその子は、それから半年もの間、夜眠るのが怖くなってしまいました。

残念なことに、子どもに対しては、神様が悪者にされてきました。

「パパはどうしたの？」

「パパは神様のもとに行ったんだよ」

それから数年間、その子どもは神様に怒り、混乱させられます。親が正しいと信じていることを子どもに話すほうが、より適切だとは思いませんか。

「あなたのパパは死んだのよ。私たちはね、パパは死んだ後、神様のもとで一緒に暮らしていると信じているの」

一般的に、死について子どもと話す時には、隠喩《いんゆ》を避けるべきだと思います。成長途上の未熟な知性は、隠喩的なイメージと現実を一致させることができない場合が多いからです。

専門家がグリーフを病気にしている

人が、ものごとをどのように感じるかは、その人が、どのような考えをもっているかによって決まります。間違った考えは、間違った感情を生み出しがちです。間違った考えの中で最も明らかにされてこなかったのは、グリーフのとらえ方でしょう。グリーフという言葉は、しばしば、正確さを欠いた混乱させる言葉に置き換えられてしまうことがあります。

何かを失うと、人はグリーフを経験します。グリーフとは、喪失にともなって自然に生まれる感情です。グリーフの定義を間違えると、グリーバーは、正常な感情が感じられなくなりリカバリーにつながる行動がとれなくなってしまいます。

グリーフは、喪失に対する正常で自然な反応です。グリーフの感情は、病気でもなければ、人格障害でもありません。プレッシャー、虚脱感、ストレス、ＰＴＳＤ（ピーティーエスディー、心的外傷後ストレス障害）、あるいはＡＤＤ（エーディーディー、注意欠陥・多動性障害）といったレッテルが、グリーフという感情に誤ってつけられています。こうした言葉は、正しい状況で使われれば、意味も価値もありますが、誤用されると危険ですし、人を間違った方向に導いてしまいます。

グリーフに関して最も誤用され、誤解されている言葉といえば、「うつ・抑うつ」でしょう。残念なことに、この言葉が間違って使用されているため、グリーフは病気だとする風潮が生まれてしまいました。

本書は教科書のように理論を読むのではなく、役立つ実用書でありたいと思っています。できるだけ簡単にこのことをお伝えしたいので、次のことをお話ししたいと思います。

精神科医や心理学者の定義によると、医学的にいううつ病には、死別や離婚の後でグリーバーが訴えるものと同じ症状が数多く見られるそうです。しかし、グリーバーがうつという言葉を使う時は、ほとんどの場合、「気分が落ち込んでいる」とか「元気がでない」という意味です。40年も連れ添った伴侶が死んだとしたら、元気がなくなるのは自然なことだと思いませんか。グリーバーが、つらく混乱した新たな現実を受け入れようとする時、気分が落ち込むのは当然ではないでしょうか。私たちは、そう思います。

たくさんの人が、医学的な問題ではないことに対しても、医学的な解決法を探し求めることに慣れてしまっています。これは危険を招きます。向精神薬でグリーフを治療してしまうと、喪失に対する正常で自然な反応を隠してしまう恐れがあります。いったん覆い隠されてしまうと、後でそうした感情をまたつなぎ合わせようとしても、それが難しくなるのです。

グリーフリカバリーの観点からは、投薬治療は「一時的な気晴らし行動（今後、この行動をＳＴＥＲＢｓ《スターブス》と呼びます）」ととらえられます。たしかに、薬は、人の気を晴らしたり、紛らわすことができます。気分を変える薬を低用量使うことは、短期間であれば有効な場合もあります。危険なのは、そうした治療でしばしば起きる健康で幸せだという幻想です。この錯覚は、薬に長く依存してしまうことにもつながりかねません。

グリーフに対して投薬治療をするように専門家や家族から強く勧められていると感じて迷った時は、彼ら自身が感情を「もの」で対処するように教えられてきたということを思い出してください。「元気をだして。おやつを食べたら、気分が良くなるから」と「元気をだして。薬を飲めば気分が良くなるから」は、同じ考え方だということに注意してください。

心もとなく感じている時に、正しい判断をすることは難しいでしょう。私たちは、グリーフによる自然な痛みを受け入れ、本書で説明しているリカバリープログラムを試してみることをお勧めします。もしそれが難しすぎる場合には、次の選択肢としていつでも薬を使うことはできるのです。

私たちは痛みを感じることを勧めているわけではありません。あなたにとって、より柔軟で簡単な方法があれば、とっくにお勧めしています。グリーフは痛みをともなうものです。グリーフとは、そういうものなのです。

私たちの経験からわかることは、グリーフに対して痛みを感じながらも自然に取り組むほうが、長期的に見れば他の選択肢よりもはるかに効果的だということです。

神仏を恨んではいけないと教わる

１９６９年、ジョンの弟が亡くなりました。その時ジョンは、こう言われたのです。

「神様を恨んではいけないよ」

ジョンは、神様を恨むべきでないことはわかっていましたが、そうせずにはいられませんでした。そんな時、「早すぎる死に直面すると、誰もが神様を恨むものだ」とジョンに言ってくれる人はいませんでした。人々は、長い間、論理的思考に頼ってきました。なので、何かが起きると、説明がつく理由を探し求めます。そして、そうした理由が見つからないと、神様のせいにしてしまいます。

こうした怒りは、感情を表現することが許されれば、消えていくものです。私たちは誰でも、神様への恨みを誰かに話すことを許されなければなりません。そのことで良し悪しを判断されたり、また、それを理由に、不道徳だなどと言われてはなりません。そうでなければ、この怒りはしつこくいつまでも続いて、精神性の成長を邪魔しかねません。本当の気持ちを言葉に出せなかったために、信仰を捨てた人々を、私たちは大勢見てきました。そうなってしまうと、グリーバーは、信仰という最も強力な支えから切り離されてしまうのです。

信仰心と感情を区別する

グリーバーに、信仰心と感情を区別してもらうことの重要性がここ数年でわかってきました。たいていの人はきっとおわかりだと思います。

これまで、感情と理性について説明してきました。

次に、グリーフの精神性における側面に目を向けることにしましょう。理性的な思考と、その後に生まれる感情との間には、直接の因果関係が見い出せるかもしれませんが、信仰心はそうではありません。信仰心は理由を必要としません。それは精神性におけるもので、感情的なものでも理性的なものでもないのです。

グリーフを経験した後、信仰心は、次のふたつにはっきりと分かれます。

❶宗教的、あるいは精神性における信仰心が損なわれるか、揺さぶられる場合

❷どのような性質の喪失であれ、信仰心にまったく影響がない場合

信仰心に大きな疑問が生じるのは、ほとんどの場合、子どもに死なれた時か、突然の悲劇的な事故に見舞われた時です。そのような時のリカバリーとしてはまず、亡くなった人との関係に取り組むことをお勧めします。その喪失による心の痛みを完結できた時には、たいてい信仰心が自然に戻ってくるものです。前より深くなっていることもあります。もし信仰心が戻らなかったとしたら、私たちが神様に対する信仰心の喪失を癒す手助けをします。親や医師や聖職者やセラピストへの信頼を失った体験を完結したのと同じ原則を用います。

信仰心にまったく影響がなかった人は、その信仰心の力を利用して、グリーフリカバリーのための行動を起こす勇気を持ってほしいと思います。

タイヤがパンクした時の例を使って説明すると、あなたは次の2つの選択肢のどちらを選びますか。

❶パンクしたタイヤの前に座って、神様が空気を入れなおしてくれるように祈る
❷修理会社に連絡し、その後、業者が出来るだけ早く到着することを神様に祈る

解決されていないグリーフとは、ある関係性の中で、長い間ずっと相手に伝えることができなかった感情のことです。信仰や祈りは、毎日の生活ではとても役に立ちます。しかし信仰も祈りも、自然に完結されていない問題を見つけ出し、完結してくれることはありません。

宗教的なことわざに、「天はみずから助くる者を助く」という言葉があります。私たちもそう思います。自分を助けることとは、グリーフリカバリーのための行動を起こすことです。それはすなわち、自分と相手との関係のなかで、まだ完結されていない問題を見つけ出し完結させることだ、と私たちは考えています。

第5章 「リカバリーが完了したふり」演技賞

前章で私たちはリカバリーが終わったふりをするよう教え込まれていることに触れました。グリーフのこの側面について理解することは、非常に重要です。リカバリーについての間違ったイメージ、すなわち、見せかけだけの偽りのリカバリーは、グリーバーが喪失体験を乗り越えようとする時に、克服しなければならない、最もよくある障害です。

私たちはそれを「リカバリーが完了したふり」演技賞と呼んでいます。

また、「私は大丈夫」演技賞とか「元気でいなきゃ」演技賞、または「家族のためにもしっかりしなきゃ」演技賞、「人の役に立たなきゃ」演技賞と称することもあります。

ここで、じっくりと腰を据えて、自分の胸によく聞いてみてください。あなたは最近、リカバリーしたふりをしたことがどれほどありますか。私たちが何を言わんとしているかみなさんにはわかっていただけるはずです。

前章では、喪失を経験した時、グリーバーの周囲の人たちが、どんな反応を示すか説明しました。そして、悲しんでいる時に聞かされるほとんどの言葉が、理性に訴えるもので、感情の表現を促すものではないことをお話ししました。そのように理性で解決しようとされると、グリーバーは、孤立感をいっそう深め、決めつけられ、評価され、非難されたと感じます。そのため、グリーバーは、少しすると、周囲に快く受け入れてもらうためには「リカバリーが終わったふり」をしなければならないということに気づくのです。

周囲に受け入れてもらおうとしてリカバリーが完了したふりをする時、グリーバーは良い思い出に目を向けようとします。

「美化」されるか、「悪者化」されるか

グリーフを完結させていない場合、これは美化という形で現れることがあります。美化の最も極端なケースになると、故人の評伝を出版することに熱中するような場合もあります。遺品をたくさんとっておくことなども美化の良い例といえます。5年以上も前に死んだ娘の部屋をそのままにして、遺品をひとつも動かさない母親などは、その一例でしょう。

美化とは、グリーバーが関係性の全てとまっすぐに向き合わないということであり、これは前述のリカバリーしたふりよりも軽度ではあるものの、同じ様に制約を引き起こします。

このグリーバーの多くは、故人に関する良い思い出や好意的な言葉しか考えたり感じたりしません。「死んだ人のことを悪く言ってはいけない」という教えは、役に立たない理性的な情報の一例です。もちろん、私たちは、生きている人に対しても死んだ人に対しても、誰かの悪口を触れ回ってよいわけではありません。死別や離婚、その他の大きな喪失体験による心の痛みは、その相手との関係性の良い面ばかりでなく、全てを洗いざらい見直さなければ、完結させることができないだろうと言っているのです。

悪者化は、美化の逆です。グリーバーの中には、虐待され続けてきたことを詳細に語って、ずっと愚痴を言っている人がいます。彼らは、失望や怒りをなかなか手放そうとしません。美化する人たちが良い面に固執するのと同じように、このグリーバーたちは相手の悪い側面に固執します。しかし、どちらの場合も関係の全体を見ているとはいえません。

どんな関係にも、よかったところと悪かったところがあるはずです。自分や相手に対し心から正直になること

でしか、グリーフを完結させることはできないのです。

承認欲求

ほめ言葉やお世辞がきらいな人はいません。私たちは承認されることが好きです。私たちは誰しも、人から賢く、力強く、分別があると思われたがっています。誰もが、集団の一員であるという意識を持ちたがっています。この欲求は、ごく小さい頃に習得されたもので、しばしば強迫観念にまでなっています。

先に、グリーバーが喪失を体験した後にかけられる言葉の多くは役に立たないものだ、と言いました。グリーバーは、ただ気を紛らわすためだけの行動をとったり、感情を理性的な考えに変換したりするよう、助言されます。人によく思われることは、社会で生きていくうえでとても重要なことなので、人々はグリーフを体験した後、そのために周囲の助言に従おうとします。

ジョンは、生まれたばかりの息子が死んだ時、心がずたずたになりました。しかし、彼は、周囲の人たちから、このように言われました。

「きみも奥さんも、まだこの先、子どもを持てるよ」

「誰のせいでもないよ」

「あなただったら大丈夫」

などという言葉を聞かされたのです。

理屈からいえば、こうした言葉はそのとおりですが、ジョンが悲しい気持ちと向き合う際の助けにはなりませんでした。ジョンは、友人たちが、彼の気持ちを聞きたがってはいないと感じました。しかし、彼はひとりにはなりたくありませんでした。問題はここにあります。どうしたら、聞いてくれる人に気まずい思いをさせずに、正直に自分の胸のうちを話せるでしょうか。

ラッセルが最初の妻と離婚した時、心優しい友人たちがこう言いました。

「次の出会いがあるさ」

「彼女は、君にはふさわしくなかったんだよ」

ラッセルはただ聞いてもらいたかっただけなのです。しかし、これらの慰めの言葉によって彼は話すのをやめ、自分の気持ちを隠すようになりました。ジョンとラッセルはふたりとも周りの人々から認めてもらうことを望んでいました。ふたりとも悲しむことに疲れ果てて嫌気がさしてきて、そろそろ気持ちをどうにか立て直したいと思っていましたが、家族や友人が支えになってくれるとは思えませんでした。

そこで、ふたりはリカバリーしたふりをすることにしました。ふたりは、どう考えてもまったくリカバーなどしていないのに、リカバリーしたかのような表情をつくりました。その演技が非常にうまかったので、まったく大丈夫ではなかったのに、自分自身で大丈夫だと思い込むほどでした。

「大丈夫」のほとんどはウソ

全米各地のグリーバーと向き合ってきた中で、とてもしっかりしている人に会うことがあります。彼らは元気に見えるし、話すこともまともに聞こえます。そして、「自分は元気だ」と私たちを説得しようとします。私たちは、喪失を経験したばかりの人に会うと、「調子はどうですか」と尋ねます。誰の答えも、決まって同じです。

「大丈夫です」

私たちが講演をする時、「嘘をつかれるのが好きな人はいますか」とよく尋ねます。当然、誰の手も挙がりません。それから、「悲しいことや、つらいことの後に感じた自分の気持ちについて、嘘をついたことがありますか」と尋ねます。全員の手が挙がります。判断や批判をされるのが怖くて、自分の気持ちを正直に話さないようにという教えに従ってきたということに気づかされるのは、とても悲しいことです。

「大丈夫です」が危険なのは、ボロボロになった心を救わないという点です。「大丈夫です」と言うのは、心の中の痛みや孤独から、自分や周囲の人たちの気をそらすだけにすぎません。それは、深いところの傷をそのままにして傷口をかさぶたでおおっているようなものです。

そして無力感がやってくる

何千何万というグリーバーのみなさんと話す中で、私たちが「気力が少しも残っていないようですね」と言って反論する人はほとんどいません。中には、ベッドから出て、その日一日をぼんやりと過ごすことしかできないというグリーバーもいます。それが、一週間になり、一カ月になり、ついには、気力が戻らないまま、機械のように一生を生きる人もいます。

グリーフが完結しないと、途方もなく体力と気力を消耗します。

たいていの場合、グリーフは、水面下に隠れたまま放置され、表面に現れる症状しか対処されません。

メンタルヘルスの専門家をはじめ多くの人は、未解決のグリーフが累積され、ますます悲観的になっていくという事実を正しく理解していません。

気力と体力は、心と身体が調和した時に最も効果的に使われます。グリーフが完結されていないと、私たちは、心と身体がばらばらになってしまいがちです。例を挙げましょう。

車を運転していて突然、しばらくの間、心ここにあらずだったことに気づくといった経験はありませんか?

あなたは頭の中で、車の中にはいない誰かと会話していたのです。事故も起こさず、まだ生きているのは奇跡といえます。こうした幻の会話の相手は、故人やかつてのパートナーという場合が多いのです。おそらくこうした会話は、あなたと誰かのまだ完結されていない感情のやりとりを表しているようです。その誰かは死んでしまった人の場合も生きている人の場合もあります。

そして、いつまでも完結されない感情にしがみついていると、とてつもない量のエネルギーを消費してしまうのです。

生きる気力を失う

リカバリーをしたふりをして自分をだまして生きていくと、最もらしい振る舞いをすることで「見せかけのリカバリー」を体験するようになります。こういうことをしていると、活力も自発性も失ってしまい、その状態を克服することはほぼ不可能になります。静かな絶望感の罠におちいってしまい、時には気分が良いことはあっても、気がつけば落ち込んでいることが多く、完全な幸福感や喜びの状態に戻ることはできなくなります。

人は、グリーフといかに向き合うかについて、間違った知識をもつことで、高い代償を払っています。グリーフが起こった時にきちんと完結しないと、活力はどんどん失われて行動範囲が狭まっていきます。人生は耐えるだけのものとなり、世の中が生きにくく思えてきます。これらは全て誤った知識のせいで、人生の喪失体験にうまく対処する機会が持てなかったせいです。

死別や離婚以外のグリーフに苦しみ、この本を読んでいる人もいるでしょう。中には、子どもの頃を振り返って、人生は幸せで喜びに満ちたものになるはずだったという人もいるかもしれません。ところが、ささいなことはいえ完結されないグリーフをたくさん経験するにつれ、ある日、人生はあなたが望んでいたようにうまくいっていなかったということに、あなた自身が気がついたという人もいることでしょう。

人生が素晴らしいものになるだろうと考えていたことさえ覚えていない人もいるかもしれません。人生は幸せではなく、不満だけしか感じないという積もり積もった感覚があるかもしれません。あなたは喜びの感情をほとんど、あるいはまったく持っていないかもしれません。

いずれにしろ、これまであなたは、楽しく、幸せな感覚を高めようとして、色々なことを試してみたのではないでしょうか。セラピーや信仰、精神性における考え方、12[*6]のステップなどが、優れた洞察力をもたらし、とても役に立ったかもしれませんが、それでも、過去を完結させていないという感覚があり、そのため、未来への希望が持てないという気持ちになっていないでしょうか。それならば、ここで読むのをやめないでください。本書はそういうあなたのための本でもあるのです。

＊6　元々はアルコール依存症からの回復のためのプログラムとして考えられたもので、現在ではさまざまな依存症からの回復手法に取り入れられている。

第2部

変化への準備——リカバリーの開始

グリーフからのリカバリーは、グリーバーが自ら、小さなことを一つひとつ正しく選択することの積み重ねによって、成し遂げられるものなのです。あなたは、これまですでに、いくつかのことを正しく選択してきました。問題の存在に気づき、それが喪失に関連していることにも気づきました。そして、本書を読み始めたことで、自分が今、グリーフを完結させるための実践に取り組もうとしていることにも気づいたのです。

第2部を構成する6章から9章を通じて、グリーフを完結するために、まず最初に取り組まなければならない実践を紹介します。

グリーフを完結させられるか否かは、途中の一つひとつの実践をしっかりやり遂げようというあなたの意欲にかかっています。

第6章 最初の選択「リカバリーを選ぶ」ということ

リカバリーをすると決断するには、どこから手をつけるべきかを、知る必要があります。

リカバリーを始める際に、私たちの助けとなる3つの言葉があります。それは、「もっとああしていたら」「もっとこうしていたら」「何か別のことをすべきだったのかも」です。

喪失が、誰かの死や、離婚や、他者と疎遠になることのいずれかであったとしても、もっとああしていたら、もっとこうしていたら、何か別のことをすべきだったのかもという思いについて自問自答することで、あなたは、まだ完結していない問題を見つけやすくなるでしょう。

ジョンの祖父が亡くなった日から、彼はどのような思いを経験したのか、ジョンの話に戻ってみましょう。

周囲の人たちはショックを受けているジョンをそっとしておこうとして、ひとりになれるように校長室に行かせたのですが、彼はそこで、自分の気持ちを他人に話してはいけないという子どもの頃からの教えを、改めて強く思い出したのでした。

彼は校長室でひとりで座って祖父との関係を省みているうちに、祖父から学んだ全てのことについて祖父に感謝したくなりました。

彼はそれまで、自分の気持ちを表現するのを「そのうちに」と先延ばしにしてきました。

しかし、その「そのうち」が来る前に、祖父は亡くなってしまったのです。

彼は祖父に「ありがとう」を言えなかったということが頭から離れなくなり、それから先どうしていいかわからなくなってしまいました。これが彼の中に生まれた、もっとああしていたら、もっとこうしていたら、何か別のことをすべきだったのかもという思いについての自問自答のわかりやすい例といえます。

彼は自分がそれまでしてきた選択の数々について後悔し始めました。世間の多くの人たちはこれを罪悪感と呼びます。しかし、もっとああしていたら、もっとこうしていたら、何か別のことをすべきだったのかも、という思いは、罪悪感ではありません。

もしこうした3つの思いや伝えられなかった思いに気づかなければ、私たちは、気分が落ち込んでいるのを、死やその他の喪失という出来事のせいにし始めます。誰かや何か他の出来事やもののせいにしているかぎり、リカバリーはできません。

不快な気持ちは誰に責任があるのか

「グリーフが癒されるには時間がかかる」というのは誤りであるいうことを理解したら、次にグリーバーが克服しなければならない最も難しいハードルは、他者や出来事によって自分の気持ちが左右されているという誤った思い込みに気づくことです。多くの人は以下のようなことを言う傾向があります。

「○○が私を怒らせた」

「○○が私の1日を台無しにした」

「もし○○が私にあんなことをしなかったら、私は大丈夫だったのに」

自分の気持ちや行動に責任を持たないという態度は、今、世の中全体に横行しています。これは多くの人が経験している幼少期の「影響による学習」から始まっています。

影響とは次のようなことです。

母親が子どもに言います「あなたのおかげでママは幸せよ」。父親が言います「おまえのおかげでパパは鼻が高いよ」。母親が言います「パパを怒らせないようにしてね」。

自分の行動が、父や母の中に様々な気持ちを生み出していると言われれば、当然、子どもたちは、その逆も本当に起こるにちがいないと思ってしまいます。もし自分がママやパパの気持ちを左右できるなら、ママやパパだって自分の気持ちを左右できるんだと思うのです。この考えが、現代社会の非常に多くの領域に忍び込んでいる「犠牲者」意識のもとになっているのです。

エレノア・ルーズベルトの言葉を借りれば、「誰もあなたの許可なしに、あなた自身のことで、あなたに嫌な思いをさせることはできない」。そのとおりなのです。しかし、これほどはっきりと自分の気持ちの責任は自分にあると主張する人がいる一方で、自分の気持ちの責任は他者にあると考えてしまう傾向は、ますます世の中に広がってきているのです。そして、私たちが、自分の気持ちが幸せになる責任を、１００％他者や出来事に負わせるのであれば、自分の気持ちが幸せでなくなる責任も、他者や出来事に負わせることになります。つまり、自分の幸、不幸を他人任せにするということになるのです。

この考えを説明するためによく使う話があります。私たちはそれを「出勤途中の車での話」と呼んでいます。

その話はこうです。

ある朝、１人の男性が、車で仕事に向かっています。信号が赤になり、彼は法律を守る人なので、そこで停止します。信号待ちの間、彼は白昼夢を見始めます。信号が赤から青に変わりますが、彼はそれに気づきません。彼の後ろの車の運転手は異変に気づきます。彼の車が動かないので、後ろの人はクラクションを鳴らして信号が青になったことを知らせます。彼は窓を開けて、クラクションを鳴らして信号が変わったことを知らせてくれたことについて、後ろの人にお礼を言います。

これなら誰も傷つかないでしょう？　ところが実際は、次のようになり、より多くの面倒なことを引き起こしてしまうのです。

彼は恥ずかしくなります。誰もが恥ずかしさを感じるのは好きではありません。彼は自分の恥ずかしさの責任を決して自分でとりたくはありません。彼も、これまでの人生ではずっと、自分の気持ちの責任を他者に負わせてきたのです。だから、信号が変わったことを教えてくれた後ろの人に「ありがとう」と言うかわりに、彼はこんなことを考えるのです。

「なんてことだ。あいつめ、おれを怒らせやがって！」

とたんに、彼は、どうやって自分の面子を保ち、逆に相手に仕返しをするかで頭がいっぱいになります。彼は、窓を開けて、顔を出し、自分の気持ちをこう叫ぶのです。

「おい、おまえ、何様のつもりだ！」

さらに、無礼な後ろの人を罰してやろうと、彼はわざと車をゆっくり走らせます。彼はこういう場合はこれが正しいやり方だと思っているのです。

彼は怒っていて、自分自身の不愉快さをつくり上げているのは自分だということに気づくことはできません。自分の態度や言動によって生み出された自分の気持ちに関しては、本当は、自分に責任があるのだということに、彼は気づいていないのです。

次はピクニックを例にとって考えてみましょう。何がピクニックを台無しにするのでしょうか。雨でしょうか、それとも、雨に対するその人の態度でしょうか？　これはひっかけ問題です。正解は、両方なのです。雨は実際にピクニックを台無しにします、が、あなたは雨についてはどうすることもできません。あなたは雨に対するあなた自身の反応をどうにかすることしかできません。

ほとんど全ての喪失についても、これと同じことが当てはまります。自分にグリーフを引き起こしているものは何でしょうか。喪失そのものでしょうか？　それとも、喪失に対する自分の態度でしょうか？　これもまた、正解は両方です。私たちは、起こったことはもとには戻せませんが、自分たちの反応はどうにかできるのです。起こったことにより引き起こされた苦しみ、失望、欲求不満、心痛との繋がりを完結する術を、私たちは獲得できるのです。

世の中には、バスが遅れたり冷めた卵料理を出されたことを、重大事件のようにとらえてしまう人もいます。また、社会が自分の人生を台無しにしているとか、自分がみじめなのは上司のせいだと思っている人もいます。しかし、こういった考え方は全て、つき詰めれば、「彼らが私を怒らせている」という考え方になってしまいます。こういう考え方をしていると、自分たちの気持ちをそうさせた誰かや何かに対して、ほぼ反射的に批判することになります。こうして私たちは、自己の検証よりも、他人の検証の専門家になってしまうのです。

子ども時代は、私たちは、両親や他の大人たちの行動を変えることはできませんでした。そしてその子ども時代が過ぎてしばらくたってから、その頃の不本意だった出来事について、気づくことがあるかもしれません。しかし、過去の出来事に対して今の自分がどう感じるかについては、私たちは責任を持たなければなりません。そうしなければ、私たちは永久に、自分を犠牲者のように感じて生きていくことになります。

過去に自分に恐ろしい出来事が起こったということは、それだけでもとてもつらいことです。

その上に今またその記憶を思い出すことで、そのつらさに苦しみ続け、さらにまた新たな苦しみを生むというのは、天罰のようなひどい体験です。

遠い昔の出来事の記憶により引き起こされる痛みを、完結させるための正しい方法を、私たちが教わってこなかったということが、問題を大きくしているのです。

自分たちは出来事の被害者であり、出来事に対する自分たちの反応は、他人の考えや気持ちや行動と同様に、自分たちではどうすることもできないものなのだという間違った教えを、私たちは社会から信じ込まされてきました。だから、ピクニックで私たちががっかりしたら、それはもっぱら雨のせいなのだと思い込むことになるのです。

たいていの人は、「気にするな」と励まされたり、「すんだことはすんだことだ」と言われた経験があります。もし人間の脳と心が簡単に問題を手放して進むことができるなら、それは理想的なことです。しかし、人間の脳や心はそんなふうには働きません。あなた自身のリカバリーに対し、あなたが責任を持つまでは、何も変わらないのです。

自分が１００％喪失の犠牲者であると思う習慣を断ち切るために、ある新しい考え方を取り入れていただくことをあなたにお願いしようと思います。まだ完結していない問題に対してあなたの分担として、１％の責任を引き受けることを、あなたにお願いしたいのです。小さな鍵でも大きなドアが開けられるように、あなたが１％の責任を持つことが、あなたの頭と心をリカバリーの道へ開くことになるのです。今のところ、それは本書のページをめくり続けることを意味しています。そうすれば、あなたは解決策を見つけられるでしょう。

２番目の選択「パートナーと一緒に行うか、ひとりで行うか」

グリーフリカバリーのプロセスは、グループで行えれば完璧です。自分以外の人々の話が刺激になって、自分自身の喪失の記憶を正確によみがえらせることができるからです。

しかし、あなたがこの本を読んでいるのは、おそらく、グリーフリカバリーのセミナーかアウトリーチプログラム（米国のインスティテュートが行っている出張相談会）のどちらかに、直接参加できないからではないでしょうか。

本書の初版本には、喪失からのリカバリーはひとりでは達成できないと書きましたので、当時の読者はパートナーを見つけなければならないことになっていました。

そして悲しいことに、多くの人がパートナーがいないために、初版本を読むのをやめてしまいました。

その結果彼らは、影響力の大きな感情面の喪失からリカバリーするための実践に取り組まなかったのです。ところが後になって、ひとりで行った場合でも常にリカバリーは可能であるということに、私たちは気づきました。

ひとりで行う人へ

あなたの置かれている状況では、パートナーと行うのは非現実的であるとか、怖くてできないと思う場合は、本書に書かれている実践をひとりで行ってください。

パートナーがいないからといって、今ここで中断してはいけません。

パートナーと一緒に行う場合でもひとりで行う場合でも、あなたのグリーフリカバリーの実践に役立つ指示を、私たちは提示していくつもりです。

パートナーについて

もし可能なら、同じようにその人自身の喪失に取り組んでいる人がパートナーになってくれるのがベストであると、私たちは信じています。さらにいえば、原則として、そのパートナーが、あなたとはちがう喪失に取り組んでいる人であればなお望ましいと思います。しかし、誰かの死後は、同じ家族同士がパートナーになることはめずらしくはありません。一見彼らは同じ喪失、同じ人を失った苦しさに向き合っているように思われるかもしれません。しかし、亡くなった人が同じであってもその人との関係はそれぞれ異なるので、リカバリーもまたそれぞれ特異なものになると考えてよいでしょう。パートナーは誰かの死に取り組んでいて、自分は離婚や何か他の喪失に取り組んでいるという場合は、パートナーとしては完璧です。

パートナーを見つける

あなたのつらさは本当は誰にもわからないと、あなたは感じているかもしれません。あなたの親しい友だちでさえも、あなたの悲しみを本当には理解していないと、あなたは感じているかもしれません。たとえ「わかるよ」と言ってくれたとしても、彼らは本当にはわかっていないのです。失ったものに対して、あなたとまったく同じ関係を彼らが持っていたわけではないのですから。家族ですら、失ったものとの関係は、それぞれ異なっているのです。

グリーバーは、自分と同じような喪失を経験した人を探すとよいと、しばしばいわれます。未亡人は未亡人同士としか繋がれないといわれますし、子どもを亡くした親は子どもを亡くした親としか繋がれないといわれるのです。これは誤りです。激しい感情的な喪失に苦しんだことがある人なら誰でも、失ったものの内容に関係なく理想的なパートナーになれるのです。

ある人物の死によって、同じ家族の中の他の人も、苦しんでいるのかもしれません。自分がどう感じているかをあなたがはっきり表現していなければ、家族はあなたの苦しみを知らないかもしれません。でも実は、家族の中にすでにリカバリーのパートナーはいるのかもしれないのです。

もし家族の中にパートナーがいないとしても、そういう新しい仲間を探す場所はたくさんあります。

職場で、亡くなった人の話をしているのを聞いたことがあるでしょう。

近所のスポーツジム、食料品店、趣味の集まり、病院や美容院などどこでも、あなたはグリーバーを見つけられるはずです。

女子会や飲み会の席で、グリーフの話題を取り上げてみるのもよいでしょう。

誰にでもそういう話はひとつはあるものです。

話を聞いた人は、リカバリーのプログラムの機会を知り、これで救われると期待を抱くかもしれません。

パートナーになってくれそうな人たちを見つけたら、彼らに正直に接してください。本書を見せて、あなたがこれからどんなことをするつもりかを彼らに説明してください。彼らも、傷つくのはもううんざりだと思っているかどうかを、尋ねてください。あなたと一緒にリカバリーをする気があるかどうか、聞いてみてください。断る人がいても、がっかりしないでください。

色々な言い訳を聞かされることもあるでしょう。しかしとにかく見つけるまで探し続けるのみです。

第7章
グリーフリカバリーの進め方

ここでは、あなたがパートナーを見つけたか、ひとりで行うことにしたか、そのどちらかに決めたと仮定して、話を進めます。

まず、初回のパートナー・ミーティングつまり、リカバリーをどのように始めていくかについて説明します。ひとりで行うことにした人でも、ここは読んでください。

初回のパートナー・ミーティングを行う

最初のミーティングは、あまり多くの時間を必要とはしません。1時間もあれば充分です。本書で示されている実践に取り組んでいくためには、あと5回ほどミーティングを行うことになっています。本書を読み課題を仕上げるためには、ミーティングの間隔は、少なくとも2～3日はあける必要があるでしょう。

この初回ミーティングで、パートナーとお互いにとってどの時間帯がミーティングにベストなのかを決めてください。あなた方は、おそらく、この後のミーティングにはどれにも、少なくとも1時間半から2時間はかけたいと思うでしょう。

ミーティングは常にプライバシーが確保され落ち着ける場所を選んで行うように心がけてください。

あなたが自分の喪失について語っていると、おそらく人間としての正常で自然な感情が出てくるでしょうし、涙も流れてくるかもしれません。グリーフについて考えたり話したりする際には、特に泣くということは正常で自然なことです。

そうはいっても、泣くことは必須ではありません。だから、あなたやパートナーがたとえ涙が出てこなかったとしても、欠陥があるなどと決めつけないでください。

同様に、涙を流すことに対して間違った評価をしないでください。泣くことが完結ではありません。

ハグをする、肩を抱く、背中をさする、手を握る、手をさするなどの、話を受け止める時の動作について、事前にパートナーと話して、相互に同意できる形を確認しておいてください。また、原則として、相手が話している最中は、相手の身体に絶対に触れないでください。話し終わるまで待ってください。触れられると、大概感情が止まってしまいリカバリーが妨げられます。

一般的には、お互いに適当な距離を取って座り、話している人を過度に緊張させる姿勢を取らないように注意してください（たとえば、ふんぞり返ったり、腕を組んだり、足を組んだり）。友だち同士が会話をしているようなつもりで行ってください。これは治療ではありません。最初は、話しずらいと感じるかもしれませんが、目標は、快適で安心した気持ちで喪失を語ることです。パートナーの話を聞く時は、「耳のついたハート（心）になる」ということをイメージして、心で聴いてください。

誓約をする

グリーフリカバリーの成功に、あなた自身と参加するパートナーの明確な誓約は欠かせません。次の３つの誓約をお互いに行ってください。

誓約1「完全に正直になること」（1人の場合もパートナーがいる場合も）

完全に正直になるとは、あなたの人生における喪失の出来事と、それらに対するあなたの気持ち（グリーフ）について、あなたが最大限正直になるということです。このプログラムを実践し続ければ、喪失の出来事を理解し真実を語る能力は向上するでしょう。

完全に正直になるとは、他の誰かについてではなく、自分自身について自分が真実を語るということです。他の誰かについて語るという罠に落ちてはいけません。あなたは自分自身についてのみ真実を語れるのです。他人については、推測しかできません。

決して、読者のあなた方を、正直ではないかもしれないと疑っているわけではありません。パートナーに話したくないこともあるかもしれません。出来事によっては、事実や詳細は他人には話せないということもあるかもしれません。それでもよいのです。その出来事に対するあなたの感情的な反応について真実を語るということが、より重要なことなのです。もちろん、ひとりで行う人は、自分自身に対して完全に正直である必要があります。

誓約2「守秘義務を絶対に守ること」（全員）

取り組まなければならない課題に取り組んでいく過程で、あなたは自分の人生のつらかった出来事や状況について話すことになります。絶対的な守秘義務とは、パートナーが語ったいかなる個人情報も、あなたは自分とともに墓場まで持っていくということを意味しています。

絶対的な守秘義務とは、パートナーも同様にしてくれると、あなたが信じることを意味しています。それは、決してパートナーの信頼を裏切ってはいけないということを意味しています。

誓約3「自分とパートナーのリカバリーの独自性と個性を尊重すること」（1人の場合もパートナーがいる場合も）

3つ目の誓約は、それぞれの人のリカバリーの独自性と個性を尊重するということです。喪失との関係はそれぞれ異なっていて、その関係におけるリカバリーのコミュニケーションのやりとりもそれぞれ異なっているのです。

そして、それぞれのグリーバーがおのおの独自の信念をリカバリーのプロセスに持ち込んでくるので、それぞれの信念を絶対に比べないことが重要です。比べると、しばしば、真実より軽く見積もったり、重く見積もったりしてしまい、真実にたどりつけなくなってしまうからです。

そしてあなたのグリーフや信念については、あなた自身の意見ほど重要なものはないのです。パートナー同士の関係やあなたのリカバリーが安心できるものであるかどうかは、パートナー同士がお互いに、自身の考えや気持ちを、中断されたり、分析や批判をされたり、決めつけられたりすることなく、自由に言い合えるかどうかにかかっているのです。

リカバリーをひとりで行う場合でも、パートナーと行う場合でも、このプログラムにある課題に真剣に取り組み、全ての課題をその時々でしっかりやり遂げるという誓いをたてて、自分で自分のリカバリーを応援していくことが絶対に必要です。

パートナーと行う場合

ここまでに挙げた3つの誓約を、必ず、お互いに向かって言葉で伝え合い、確認し合うこと。

ひとりで行う場合

あなたは、1番目の誓約をすることだけが要求されます。しかし、あなたがその誓約を真剣に実行することが特に重要です。また、3番目の誓約の、特に自分自身に対して決めつけたり批判したりしないという部分をよく読んでおいてください。

最初の課題「間違った教えと思い込みリスト」をつくる

リカバリーの実践をパートナーと行う場合もひとりで行う場合も、まず本書のここまでの6つの章を再読します。その中で、あなたに影響を与えた文章をノートに書きとめたり下線を引いたりしておいてください。自分自身の経験に照らして、自分に関係あると思うところはノートに書きうつすほうがいいでしょう。

そして、ジョンとラッセルが、彼らの人生で数々の喪失と向き合った際に学んできた「間違った教えと思い込みのリスト」（以下）を確認します。

1. 元気をだして
2. 失ったものは、他のもので置き換えよう
3. 悲しむ時はひとりで
4. 焦ってもしかたがない
5. 他の人のためにしっかりしなさい
6. 別のことをして気を紛らわしていなさい

もしあなたがこれらのほとんどあるいは全てを教えられていたり、自分の中にとり入れているとしても、驚かないでください。私たちの社会ではずっと、こういった思い込みに従うのが当たり前とされてきたのですから。

紙を1枚用意して、前述の6つの教えのうち、あなたも使ってきたと思われるものを、いくつでもよいので、書き出してみてください。喪失の出来事に関連して、前述以外にあなたが直接教わったり他者を見て学んだりした考え方も、追記してください。このリストを書くことにより、あなたはよりあなたらしいリカバリーを始められるのです。

次は、以下の決まり文句のリストを見直してみましょう。このうちどれだけのコメントをあなたが聞いて学んで信じ込まされてきたかを理解し、書き出してみてください。もう一度言いますが、たとえ以下の全部が聞いたことがあるものだったとしても、驚くことはありません。私たちの社会では、誰でも、ごく当たり前のこととして、喪失についてこんなふうに思い込んでいるのですから。以下のもの以外に、喪失の出来事に関連してあなたが聞いたことがあるように思われるコメントがあれば、それも残らず追記してください。

「しっかりしろ」

「落ち着け」

「がんばれ」

「自力で這い上がれ」

「あなたの気持ちはよくわかるよ」

「残された子どもたちのためにもしっかりしなくちゃ」

「それでも生きていかなければならない」

「彼は天国で幸せにしてるよ」

「これもいつかは過去のことになるよ」

「彼女は、充実した人生を送ったんだ」

「神様は乗り越えられない試練は与えないよ」

「神様を恨んじゃだめだよ」

このリストは、人生での数々の喪失に向き合う際に、あなたが活用しようとしてきた、多くの概念、思い込み、アイデアを表しています。

このリストは多いと思うかもしれませんが、ほとんどの人がこれ以外にもまだいくつか思いつくと言います。どうか、これを、あなたやあなたの家族、宗教的な教えや一般社会への批判だとは受け取らないでください。あなたがどんな思い込みを駆使してグリーフと向き合っているのかを知ることは、あなたのリカバリーに、それらが役立っているのか邪魔しているのかに気づくために、必須のことです。だからこれは徹底的にやってください。ここで自分の実情をしっかり認識すればするほど、本書で後々紹介するリカバリーのためのよりよいアイデアにあなたは適応しやすくなるのです。

これまでの喪失に対する考え方の再確認

先に、私たちがグリーフと上手に向き合うのを阻んでいる誤った考え方をいくつか記しました。その一部は次のようなものです。

「しっかりしろ」

「落ち着け」

「がんばれ」

「自力で這い上がれ」

グリーフ、つまり痛みやつらさは喪失に対する正常で自然な反応であるということを、私たちは常に自分に言い聞かせなくてはなりません。グリーフとは、数々の物事が喪失の前の状態とは異なっていると私たちに教えてくれる反応です。それにもかかわらず前述の4つの言葉は、喪失の出来事に対して正常に反応している私たちのことを、どこか間違っているとか何か欠陥があると言っているのと同じです。しかし、打ちのめされるような出来事や、事件が続いたりした時は、気持ちが沈むのは当たり前です。人生で大きな喪失に襲われれば、途方にくれ、呆然とし、混乱し、挫折感を感じるのは正常なことです。つらい感情に対する反応として、または、喪失に対する反応として、気が動転したとか自分を見失ったとかは、よく聞く話です。喪失に関連した正常で健康的な感覚と向き合う際の、私たちのより所となる正しい考え方が、誤った言葉や考え方で否定されてしまったというのは、本当に悲しいことです。

2回目のパートナー・ミーティング

まずあなたたちの3つの誓約である、「完全に正直になること」、「守秘義務を絶対に守ること」、「自分とパートナーのリカバリープロセスの独自性と個性を尊重すること」を声に出して再確認することから始めてください。1回目と同じく、安心して泣けるようなプライバシーが守られる場所でミーティングを行ってください。そして、ティッシュを手の届くところに用意しておいてください。

このミーティングは、あなたがこれまでの人生の全ての喪失に対して、どんな考え方を駆使して向き合ってきたのかを判定する初めての機会です。また、このミーティングは、あなたが、グリーフや喪失について一般的な方法で語ったり、自分がずっと信じ込まされてきた事柄について話し合ったりする最初で最後の機会でもあるのです。なぜなら、これ以降のミーティングでは、あなたはもう完結に向かって進み始めるので、内容はより特定された具体的なものになっていくからです。

ここで、3つの重大な落とし穴について注意しておきます。

1番目は、話し合うというより、独り言になりがちなことです。

2番目は、分析したり、批判したり、決めつけたりしがちだということです。

3番目は、第1部の第4~5章でも触れた、宗教的な考え方、スピリチュアル的な考え方、知的な考え方、治療的な考え方、依存症のリカバリーで使われる12のステップの哲学的な考え方を持ち込みがちなことです。これらの考え方はどれも、日々を生きるのにはとても役に立ちますが、これらをグリーフに持ち込むと大概混乱を招いてしまうのです。

このミーティングの目的は、それぞれが、喪失との向き合い方について、間違った情報を持っていたことを確認し合うことと、パートナーとの間に安心感を築くことです。それぞれが安心感を持つことができれば、どちらも孤立せず、より積極的にリカバリーに参加しやすくなります。自分たちにはなんて多くの共通点があったのだろうと、あなた方は驚くかもしれません。

それぞれ順番に、自分自身の間違った教えのリストを読み上げてください。

それらは、ジョンとラッセルが人生の早い時期に学んだ6つの間違った教えの中のいくつか、または全部と同じかもしれません。

それらがあなた方の人生に与えた影響について、しばらくの間、話し合ってください。

それから、順番に、喪失と向き合うためにあなたが活用してきた、これ以外の思い込みのリストも読み上げてください。そして、それらがあなたの人生に与えた影響について、しばらく話し合ってください。

終了したら、次回のミーティングの予定を立ててください。

ひとりで行う人へ

　本書のここまでの6つの章を再読するための時間を、準備しておいてください。あなたがつくったグリーフに対する間違った教えと思い込みのリストを全部見直し、それらと本書のリストとを見比べてください。それらがあなたの人生に与えた影響について考え、その影響を書き出してください。その後、自分に次のような厄介な質問をしてみてください。

「私が今、ひとりでリカバリーに取り組まなければならなくなってしまっているのは、私に間違った思い込みがあるからではないだろうか？」と。これまでのグリーフに対する間違った思い込みのリストに出てきたこと、特に「自力で這い上がれ」などが、あなたの中にあって、その思い込みに囚われているからひとりでやることを選んでいるのではないかと一度自問自答してみてください。

第8章

リカバリーを阻む、「一時的な気晴らし」を見つける

愛する人の死や、離婚やその他の全ての喪失は、驚くほどの量の感情エネルギーを生み出すものです。しかし、私たちはみんな、子どもの頃から、悲しさやつらさなどのネガティブな感情との向き合い方について間違った常識を植えつけられてきたために、その膨大なエネルギーを結局私たち自身の中に長くため込んでいるのです。

以下のよくある光景が、その事実を物語っています。

幼稚園の遊び場で友達と遊んでいて、気持ちを傷つけられた女の子が家に帰って来ます。ママかパパかおばあちゃんか誰かしらが「どうしたの？」と尋ねます。その子は泣きながら、友達の1人に意地悪されたと答えます。大人が言います。「泣かないで。ほら、おやつがあるよ。もう大丈夫よ」。こうしてこの子は、機嫌は食べ物で直せる、という教えを、重要な権威のある人物から植えつけられ、それを生涯思い込むことになるのです。

おやつを食べたら、その子の気分は変わりますが、感情がよくなるわけではありません。しばらくの間は気が紛れて、遊び場での事件を忘れています。しかし、その事件から引き起こされた気持ちのつらさは完結していません。どうなるかというと、その事件とそれにくっついた感情は、間食やお菓子や他の気晴らしの下に埋葬されるのです。

そして、もしこの子が、いつか後になって、この件を蒸し返したりすると、彼女はおそらくこう言われるのです。「覆水盆に返らず」と。まるで、その事件についての感情をいつまでも持ち続けるのはよくないことだとい

うようにです。こういう経緯で、その件は、埋葬されたままにしておかなければならなくなるのです。

このように、幼い頃から、私たちは、自分の気持ちを、なにかを食べることで一時的に紛らわし、覆い隠し、埋葬することを学んできているのです。

だから、大きくなってから、同じように飲酒や薬で自分の気持ちを隠してしまうのも、当然のことなのです。また、自分の家族や親戚たちが、お通夜や告別式の際に、さかんにお酒を飲んだり、食べたりするのを見て、そうするものなんだと、私たちは覚えたのかもしれません。

死別や離婚により激しい感情が生じるたびに、なにかを食べたりお酒を飲んだりしても、その激しさの原因を見つけることはできないし、喪失に影響された関係を完結させることもできません。

こうして、食べたり飲酒したりしてそのつど痛みを忘れていれば、喪失の苦しみからもずっと解放されるのだろうという幻想を、私たちは抱くようになるのです。

食べたり飲酒したりする行動は、激しい感情の一時的な気晴らしとして、よくある典型的なやり方です。これら以外にも、自暴自棄で破滅的な結果をもたらす典型的な発散方法はたくさんあります。そのうちのいくつかを次に示しました。これらは、間違った目的で使われると、グリーバーたちに悪影響を及ぼしかねないものです。

- 食べ物
- 飲酒・薬
- 怒りの感情
- 運動
- 空想にふけること（映画、テレビ、本）
- 自分の世界に入ること

- セックス
- 買い物
- 旅行
- 仕事
- ネットサーフィン、ユーチューブやＳＮＳを見る

これらの行動それ自体は、無害なものがほとんどです。有害になるのは、間違った目的でこれらをする時です。

お菓子を食べても喪失による痛みの解決の役には立たないのと同じように、買物をしても死別や離婚の痛みから長く解放されるわけではありません。実際には、まったく真逆の効果をもたらしかねないのです。たとえば、買い物依存は、後になって無駄遣いを後悔してさらに心を痛めます。こんなことをしていては、痛みを引き起こした本来の出来事である、死別や離婚やその他の喪失の痛みの完結から遠ざかるばかりになってしまいます。

一時的な気晴らしは、目に見えてわかりやすいものが多いのですが、中には、そうでないものもあります。次に示したのは、目に見えないためわかりにくく危険な事例です。

亡くなった方の一周忌や三回忌が過ぎた後も、お墓参りに毎月ないし毎週のように頻繁に行かずにはいられない人や、お仏壇に朝昼晩と三食のご飯をお供えせずにはいられない人がいます。こういう人たちは、感情的な関係を完結させる機会を、相手の死によって奪われたと思っていて、強烈なグリーフから抜け出せず、故人に執着しています。ですから、大切な故人を最も身近に感じられるお墓やお仏壇に、頻繁にお参りに行ったりお供えをしたりするのです。彼らは、こういった行動をとることで、死者との関係が完結できていないことによる痛みから、少しでも解放されることを、無意識に願っているのです。問題は、お墓参りやお仏壇へのお供えをしても、

痛みから永久に解放されるわけではないし、死者との関係を完結できるわけでもないということです。

喪失によって生じた感覚と向き合う際に、あなたがとってきた行動のうち、どれが回り道であったかを、この章の終わりにある「2番目の課題」と「3回目のパートナー・ミーティング」を行って、改めてチェックしてください。

「一時的な気晴らし」は役には立たない

水がいっぱい入ったやかんを思い浮かべてみてください。やかんを加熱している炎が、大きくなっています。

普通は、水が熱せられて沸騰すると、中にできた蒸気が注ぎ口から吹きこぼれてきます。そこでたいていのやかんは、水が沸騰すると、笛のように鳴って、私たちに知らせてくれるようになっています。

一方、同じやかんで、注ぎ口がコルクで栓をされている状態を想像してみてください。熱せられてたまった蒸気のエネルギーは、注ぎ口から出ていけません。やかんの内部の圧はどうなるでしょうか。

ここでのコルクは、悲しみや苦しみなどのネガティブな感情は話さないほうがよいなどと、私たちが信じ込まされてきた、間違った情報を表しています。

まともなやかんは、エネルギーが高まれば、直ちにそれを放出します。しかし、「元気を出して」とか「人前で泣くのはやめなさい」などと言われると、激しい感情はあなたの中にたまったままになってしまいます。「焦ってもしょうがない、時間が解決してくれるよ」という教えは、やかんに当てはめた場合には、ばかばかしいかぎりです。そのまま時間が経てば、やかんはやがて爆発してしまうのですから。

人というやかんの内部で圧が高まると、私たちは自動的にその圧を逃がそうとします。第1部の第4章で投薬治療は一時的な気晴らし＝ＳＴＥＲＢｓ（スターブス）であるとお話ししましたが、このＳＴＥＲＢｓについつい走り出しがちなのが、こういう時です。

ＳＴＥＲＢｓには、３つの大きな問題があります。

１つ目は、ＳＴＥＲＢｓの行動が有効である、いえ、正確には、有効なように見えることです。これらの行動は、喪失によって引き起こされた様々な感情を一時忘れさせ、見えなくしてくれるので、あなたは、リカバリーをしたかのような錯覚におちいるのです。

２つ目は、ＳＴＥＲＢｓというのはあくまでも一時的なものだということです。効果が続くわけではありませんし、本当の意味で感情の問題に取り組んだことにはなりません。

３つ目は、ＳＴＥＲＢｓはやかんの口をふさいでいるコルクを取り除くような行動ではないということです。実際には、注ぎ口にコルクが詰まっていることに気づきもしない人がほとんどなのです。

最終的には、私たちのやかんには負担がかかりすぎてしまい、そうなると、ＳＴＥＲＢｓが有効だという幻想はもはや生み出せなくなるのです。このように、未解決の感情が溜まりに溜まっているところに、さらに、死別や離婚といった大きな喪失が加わると、一体どうなるか、想像してみてください。おそらく、私たちのやかんの内部にはさらなる圧が加わり、ついには爆発してしまうでしょう。

感情的爆発の中には、巨大なものもあり、全国に報道されるニュースの見出しのような大事件を起こす人もいますが、たいていの場合はもっと小さな規模のものです。

答えにくいかもしれませんが、ここでみなさんに、１つの質問をさせてください。

あなたは、必要以上に大きく感情を爆発させたことがありますか？

残念ながら、みなさんは「はい」と答えなければならないでしょう。私たちは、年齢を重ねるごとに、自分というやかんの注ぎ口を、コルクで塞ぐ習慣を身につけていきます。自分の気持ちを出してはいけないとずっと教えられてきたので、気持ちを溜め込んでしまい、その結果としていずれ爆発させてしまうのです。

グリーフリカバリーの実践は、やかんの注ぎ口を塞いでいるコルクを取り除く助けとなるでしょう。コルクが取り除かれれば、喪失に関連した様々な感情に、もっと上手に取り組めるようになります。

そのコルクを取り除くために、コルクをつくり出した考え方を全てチェックし、悲しみや苦しみなどのネガティブな感情に向きあうためのもっと適切な考え方に、それらを置き換えていきます。

簡単な例をひとつ紹介しましょう。庭に雑草がびっしり生えているとします。あなたが雑草を刈れば、あなたは一時的に問題から解放されます。しかし、雑草はまたすぐ生えてきます。一方、あなたが雑草を根から引き抜けば、問題そのものを取り除くことができます。

あなたは今決断の分岐点に来ています。一時的な逃避か長期的な解決か。私たちはあなたに長期的な解決に取り組んでいただきたいのです。私たちはずっと最後まであなたを導き助けていくつもりです。

あなたの「一時的な気晴らし」に気づいて

ラッセルは本来は大酒飲みではありませんでした。彼は成人してからはほぼずっとレストラン経営をしていましたが、最初の頃はお酒をほとんど飲まなかったですし、酔っぱらうということもありませんでした。けれども、2回目の離婚の後からは、気づいたら、友達のバーに行くようになり、毎晩お酒を1~2杯飲むようになっていました。そのバーが親しみやすかったこともあって、彼はますます通うようになりました。しかし、3ヵ月くらい経つと、このバー通いは、効き目がなくなってきました。彼はお酒をやめ、今度は毎晩家で現実逃避のためにミステリー小説を読み始めました。彼はひとつの行動から別の行動に移ったのです。これが、一時的な気晴らし＝STERBs（スターブス）の典型的な例です。

2番目の課題「自分のSTERBsを見つけ出す作業」

今回の課題は（パートナーと行う人も、ひとりで行う人も）、あなたが喪失の痛みから逃れるために、これまで使ってきたか、または、今使っているかもしれない一時的な気晴らし、つまりＳＴＥＲＢｓを見つけ出すことです。

この章をもう一度読み返して、あなたが気持ちをごまかすために使ってきたＳＴＥＲＢｓの例を、少なくとも２つ以上挙げてみてください。この作業は見かけほど簡単ではありません。完全に正直になるという誓約をあなたが実行してみせる初めての機会になるでしょう。

以下はこの章の前のほうで示したＳＴＥＲＢｓのリストです。

これを目安に、あなたがＳＴＥＲＢｓに頼ったことがあるかどうかをチェックしてみてください。

- 食べ物
- 飲酒・薬
- 怒りの感情
- 運動
- 空想にふけること（映画、テレビ、本）
- 自分の世界に入ること
- セックス
- 買い物
- 旅行

- 仕事
- ネットサーフィン、ユーチューブやSNSを見る

そして、あなたがやったことのあるSTERBsを紙に書き出してみてください。思い当たる他の行動も、書き加えておいてください。

感情的な痛みに対しては、面と向かって取り組んだりせずに、隠してしまい込むべきなのだと、私たちは社会の中で刷り込まれてきたわけですが、それは実際によくあることです。

3回目のパートナー・ミーティング

まずあなたとパートナーで3つの誓約である、「完全に正直になること」、「守秘義務を絶対に守ること」、「自分とパートナーのリカバリープロセスの独自性と個性を尊重すること」を声に出して再確認することから始めてください。いつもどおり、プライバシーが守られ、もし泣き出してしまっても安心できる場所で行ってください。念のためティッシュも用意しておいてください。

STERBsは、パートナー同士で話し合うには、楽しい話題にもなり得ますが、また一方で、心が痛む重苦しいものにもなり得ます。パートナー（あるいはあなた自身）に対して、決めつけたり、批判したり、評価したりしないように、特に注意してください。守秘義務を絶対に守るという誓約を忘れないようにしてください。正直にありのままを話すことができる安心感を持ち続けられるようにすることが、リカバリーには必須です。

あなた自身のSTERBsのリストを、声に出して読んでください。なぜ私たちがそういうことをしてしまったのかを思い出すことが重要です。それは、私たちに欠陥があるからではなく、私たちがそうするように教えら

れてきたからなのです。

無意識にやってきたかもしれないことを、あなたに気づかせるのがこの課題を行う目的のひとつです。あなたを傷つけている習慣のどれかを変えるためには、まず、自分にはこういうＳＴＥＲＢｓが存在するということに気づくことが大切なのです。

パートナーがそれぞれ順に上記のことを行ったら、次回のミーティングの日時と場所を決めてください。

ひとりで行う人へ

始める前に、この第8章をもう一度読んでください。あなたがこれまでの人生で、喪失に対処しようとして使ってきたＳＴＥＲＢｓについて、過去の記憶を調べてみてください。それは、前述した項目のように多くの人がよくやる一般的なものでしょうか。それとも、あなた独自のものでしょうか。ネットサーフィンをする、ユーチューブを見る、ＳＮＳをチェックするなどもＳＴＥＲＢｓに含まれますので、これらについてもチェックしてみてください。

自分に向かって、もうひとつ厄介な質問をしてみてください。

「私のＳＴＥＲＢｓのひとつは、ひとりになり自分の世界に入ることではないだろうか？　それが、今、私がパートナーなしでリカバリーに取り組んでいる理由の1つなのではないだろうか？」

こんなことを言うと、あなたにプレッシャーを与えているように聞こえるかもしれません。ただ、長年の経験からいうと、パートナーがなかなか見つけられない人は、たいてい、相手から断られるかもしれないと恐れているだけなのです。断られることはないとは言い切れませんが、ひとりで行うということについて、もう一度だけ考えてみてください。今後はもうこのことは話題にしませんから。

第9章
痛みと向きあうための「グリーフ年表」づくり

これまでにご紹介してきた「6つの間違った教え」も「悲しみを論理的に理解しようとすること」も「一時的な気晴しのＳＴＥＲＢｓ」も、効果は長くは続かないということがわかったわけですが、そうするとあなたは、今後、一体どうすればいいのか、わからなくなってしまったかもしれません。ここが、「リカバリーが完結したふり」が始まる危険な地点なので、注意してください。それは、あなたが、じつは「まだ傷ついている」のに、「もう大丈夫」と言ったりしてしまうことです。

もしあなたの肩にのしかかっている喪失による痛みを取り除く魔法の方法でもあれば、私たちは喜んでそれを使うでしょう。しかし、私たちはそんな魔法は使えません。ですから、その次に私たちができる最善の方法をご提示します。喪失によって引き起こされた痛みとの関係を、どのように完結するかをお教えしましょう。

ここでお話しするグリーフ年表は、これまでのあなたの人生で、どのような喪失があったのか、その中でも特に、どの喪失があなたの日々の生活を最も制限しているのかを、見つけ出すためのものです。あなたの過去の喪失を、あなた自身が見つけ出さなければならないというのは、奇妙な話だと思うかもしれません。なぜって、あなたが自分の過去に起きた喪失を知らないはずがないのですから。けれども、残念ながら、多くの人は子どもの頃から、喪失同士を比べることで、その時の気持ちを軽くするよう教え込まれています。そのため、過去の喪失により生じた感情が、自分の人生を制限し続けていることに、気づいていないかもしれないのです。

比較し軽んじることの無意味さ

「私は脚がない男に会うまで、靴がないことを嘆いていた」。このような説法話があります。この話は、自分が持っていないものを見るのではなく、今持っているものに感謝すべきだと、人々に思わせるためのものです。内容は立派ですが、「他の喪失に比べれば、この喪失の気持ちなんてささいなものだと思いなさい」という意味に、しばしば解釈されているのです。

ラッセルは、ある夕食会で2人の女友だちの隣に座った時のことを思い出しました。片方の女性は、数カ月前に夫をがんで亡くしていました。もう片方の女性は、つらい離婚調停の真っ最中でした。ラッセルは、片方の女性に、調子はどうかと尋ねました。すると彼女は小声でこう答えました。「大変よ。でも、離婚ぐらいで落ち込んでなんかいられないわ。あちらは旦那さんを亡くしたんだもの」。これが、他の喪失と比較して自分の痛みを軽んじることの、絶好の見本です。

グリーフ年表の見本を公開

私たちはいったん習慣を身につけると、無意識でそれをし続けるものです。私たちの人生はたくさんの習慣で成り立っています。あなたはこれまで、いつも同じ足から靴を履いていながら、今の今までそのことについて考えたことなどなかったでしょう。無意識の習慣はまた、あなたがこれまで、どのように喪失に向き合ってきたか（向き合ってこなかったか）にも、おそらく当てはまるでしょう。だからこそ、グリーフ年表がとても重要なのです。それらの習慣と向き合い、変えていくために、私たちはまず、自分の習慣がどのようなものかを知らなければなりません。

この年表をつくる重要な目的は、あなたのこれまでの喪失の出来事を詳しく調べて表に書き出すこと、そして、そこに記された数々の喪失からつくられた自分のパターンを見つけ出すことです。グリーフ年表をつくる理由は他にもあります。ひとつは、全ての喪失を表に出して見える化することです。なぜなら深く埋められ忘れられた喪失は、グリーフとして痛みや欲求不満を長引かせるからです。また他の理由は、完全に正直になることの練習です。

私たちは、嘘はつかなくとも、不正直になることがよくあります。つまり、物事を見落とすことにより、不正確な全体像をつくり上げてしまうのです。グリーフ年表を使うメリットは、喪失の後、私たちがどんなＳＴＥＲＢｓに頼っていたかが見えてくることです。

私たちはみんな生きているかぎりこれからも色々な喪失に出会うでしょう。その時、過去におちいったことのある同じ罠にまた落ちるのはもうたくさんです。年寄りの山男は、よく若い山男にこう言い聞かせます。「熊の罠に引っかかりたくなかったら、まず罠がどんなふうに見えるのかを知ることが大事だ」。喪失に向き合う時に、私たちがおかしやすい間違いのパターン（熊を捕まえるために仕掛ける罠）を、まずよく認識して、もう二度と同じ間違いをしないようにする（自分が間違って熊用の罠に引っかかってとらえられてしまうことのないようにする）ということです。

グリーフ年表をつくるためにはまず、それがどんなものかを知っておくのがよいでしょう。例をご紹介します。

ジョンのグリーフ年表（次ページ参照）

●**５歳（１９４９年）**　最初の記憶、子犬。まず初めに、私、ジョンが物心ついた時のことをお話しましょう。私の最初の記憶は、わが家の犬が子犬を産んだ日です。ある日の深夜、私と兄は、寝ているところを父に起こされました。父は、私たちを犬の寝床に連れて行きました。いつもは人なつこい犬が警戒して、用心深くなっ

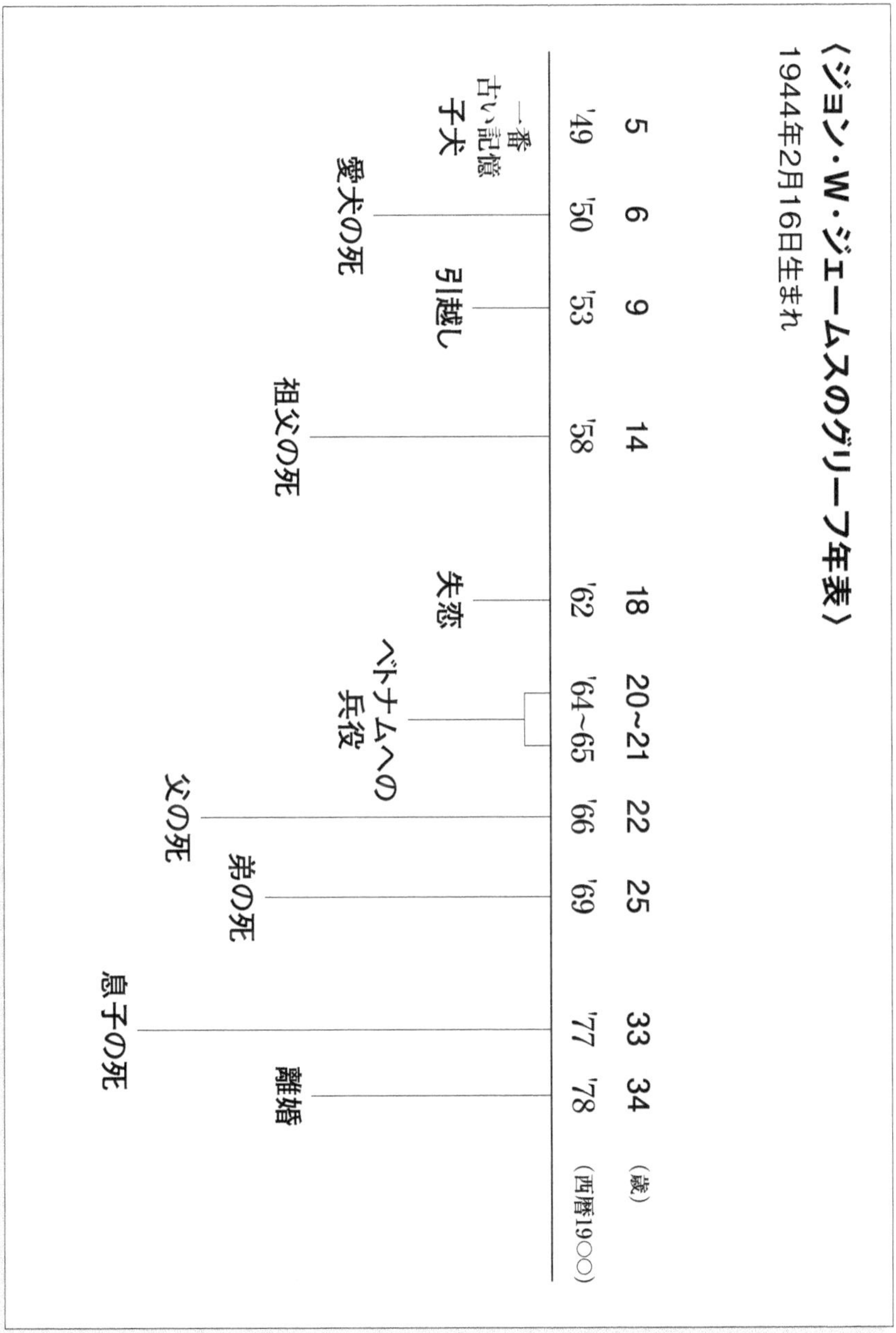
〈ジョン・W・ジェームスのグリーフ年表〉
1944年2月16日生まれ
5 6 9 14 18 20~21 22 25 33 34 (歳)
'49 '50 '53 '58 '62 '64~65 '66 '69 '77 '78 (西暦19○○)
一番古い記憶 子犬
愛犬の死
引越し
祖父の死
失恋
ベトナムへの兵役
父の死
弟の死
息子の死
離婚

ているように見えました。私は少し怖かったのを覚えています。

父が私たちをベッドのすぐそばまで連れて行ってくれた時、犬の近くに3つか4つの小さな塊があるのが見えました。そのうち犬はくんくん鳴いて、塊の周りをうろつき始めました。私は犬が苦しがっていると思い、助けてやろうとしました。すると父が、「近づかないように、また子犬を産もうとして苦しんでいるんだ」と言いました。父がそう言った時、小さな塊の正体がわかりました。うれしさと、恐れと、誇らしい気持ちと、混乱が一度に私に押し寄せてきました。結局、父が手を貸して、母犬はさらに3匹の子犬を産み落としました。

私と兄はすぐさま子犬たちを抱こうとしましたが、母犬がいやがるだろうと父に言われて、ベッドに戻りました。むろん寝つけず、その夜の半分は、この素晴らしい出来事の話をして過ごしました。

それからの2週間は、母犬の回復を願い、子犬たちの目が開くのを待っているうちに過ぎていきました。

これが、私がはっきりと思い出せる最も古い記憶です。それ以前のことは何も覚えていません。

- **6歳（1950年）** 愛犬。私の愛犬が亡くなりました（第3章でお話ししたとおりです）。
- **9歳（1953年）** 引越し。これは私たち一家にとっては初めての引越しでした。引越しは子どもにとっては大きな喪失です。両親は、私たちに引越しの理由を色々と理屈っぽく説明しました。つまり、もっと良いご近所さんの中で暮らしたいからとか、もっと良い家に住みたいからとか、将来のことを考え、良い学校の近くに住んでおこうとか、貸家ではなくて自分たちの家を持ちたいとかです。けれども、それを聞いても、引越しはうれしいものにはなりませんでした。友だちに会えなくて寂しくなるだろうと思っただけでした。
- **14歳（1958年）** 祖父。祖父が亡くなりました。
- **18歳（1962年）** 失恋。ガールフレンドと別れました。
- **20～21歳（1964～65年）** ベトナム。ベトナム帰還兵の社会での扱われ方を見て、私は、ますます信頼する力を失いました。私たちの社会においても、この信頼の喪失が、今日でもまだ、帰還兵の多くの問題を引き起こしているのです。社会はこれに対して大きな代償を払い、今もなお払い続けています。

この戦争中に5万８０００人以上の兵士が亡くなり、終戦後も何年間かは例年の3倍以上の自殺者が出たので、私たちはその間ずっと喪失感に苦しみました。

●22歳（１９６６年） 父。父が亡くなりました。私は、戦争から戻ってから、父には一度しか会っていなかったので、父との間にはわだかまりを残したままでした。父は、アルコール依存症の末に亡くなりました。私には非常につらい体験でした。

●25歳（１９６９年） 弟。弟が亡くなりました。彼は死んだ時はまだ20歳で、南イリノイ大学の学生でしたが、棒高跳びの選手で、健康そのものでした。

彼はその時、カリフォルニアに住んでいた私を訪ねて来るところでした。大学の友人2人と連れ立っての旅で、3人は仮眠のため途中で一泊しました。その日の午後遅く、友人たちが弟を起こしに行くと、弟は死んでいたのでした。

私は何日も、弟がなぜ亡くなったのかを理論的にきちんと説明できる原因や理由を見つけようとしました。しかし、どうしても見つからなかったため、神様のせいにしました。

●33歳（１９７７年） 息子。息子が亡くなりました。その2年前、妻と私の間には娘が生まれました。娘の誕生は、わが人生最高の瞬間でした。妻が再び妊娠した時、私はまた、ああした感動を味わえるものと期待に胸をふくらませました。妊娠5カ月の頃、妻に合併症が発生し、早産しそうになり、妻と私は大急ぎで病院に行きました。そこで出産の進行を止めようとできうるかぎりの医療技術が用いられました。妻にはモニター機器が取りつけられ、2日間は完全に健康な胎児の心拍が聞こえていたのですが、赤ん坊の生存は望めないと言われました。

私はそれまでの全人生をとおして、男であり夫であり父親であることが私の仕事だと教えられ信じてきました。

問題を見つけ解決するのが私の仕事だと教えられ信じてきました。

しかし、私がどんな人と知り合いであろうと、何をわかっていようと、どんなにお金を稼ごうと、どんなに知識があろうと、そんなことは重要ではないということに、この時気がつきました。

私にできることは何もありませんでした。

これは私がそれまで経験した中で最も大きな挫折体験でした。

あらゆる医学的な処置を講じ、奇跡的に息子は生まれてきました。誕生から8時間ほどは、全てがうまくいくかに見えました。しかしそれから、事態は悪化し始めました。深刻な事態であることは明白でした。黒い髪の息子は、たった９００グラムの体重しかなく、保育器に入れられたのでした。けれども、私にできることは何もなく、私はただ保育器のそばで、モニターを見つめながら、無力感にさいなまれているだけでした。

この状態が2日間も続きました。

私は妻を支えようと努めました。こういう時はそうすべきだと教わってきたからでした。彼女の世話をしている間だけは、自分の心の痛みを忘れていられたのでほっとしていました。

2日目が終わろうとした時、息子はふっと息を吐き出し、その後二度と呼吸をすることはありませんでした。その時から、状況は、坂道を転げ落ちるようにどんどん悪くなっていきました。とにかく、人々の言動にショックを受けました。妻と私は会話ができなくなり、はた目にも会話がないのが明らかになっていきました。夫婦関係はたちまち壊れていきました。それからの8カ月というもの、私は闇の中をさまよい、なんとかこの苦しみからはい出そうとして、どこにでも出かけ、誰とでも話し、手に入るかぎりのあらゆる本を読みあさりました。しかし、まさにこの時、私は、グリーフと向き合う際に役立つ情報は、ほぼまったく見当たらないということに気づいたのでした。どこにも私の痛みを救ってくれるものがないということを知り、出口のない闇の中で、私は途方に暮れるばかりでした。

●34歳（1978年）離婚。妻と私は離婚しました。人生が一変した出来事によるグリーフと、どう向き合えばいいのかふたりともわからなかったからです。私と妻は、結婚してからも親になってからもまだ日も浅かったうえに、同時に新しくグリーバーにもなってしまったのです。息子の死は、私たちふたりの破局の引き金となる決定的な要因となったのです。

グリーバーがよくするように、私の心も、ああしていたら、もっとよくしてあげていたら、もっと色々やっていたら、という思いでいっぱいになりました。

もし私が医療費を気にしなかったら、妻はもっと頻繁に妊婦検診に行ったかもしれない。

緊急事態が起こった夜は、ベビーシッターはいなかったし、私たちは妻がそんなに深刻な状態だと実感していなかったので、私は病院へいく彼女につき添っていきませんでした。彼女はひとりでどれほど怖かっただろうかと、私はよく座ったまま考え込んでいました。

こうした後悔の気持ちが頭を駆けめぐっても、私には自分の気持ちを言葉にする手だてもなく、そんな習慣もありませんでした。私はひとりぼっちで、孤独でしたが、強くなければならない、思いを全てうちに秘めておかねばならないと、まだ本気で信じていました。それしか知らなかったので、そうしたのでした。

こうした苦悩が積み重なるとともに、ふたりの間でいさかいがよく起こるようになりました。いさかいが起こればそれでまた傷つき、傷ついた感情がさらにいさかいを多くしました。

同じ頃、妻も、娘を産んだ後、あんなに早く次の妊娠をしなかったら、こんなことは何ひとつ起こらなかっただろう、と考えていました。彼女なりの、ああしていたら、もっとよくしてあげていたら、もっと色々やっていたら、という考えでした。妻もまた、自分の気持ちを、誰かに話すことの重要性を知りませんでした。

結婚生活において、意思の疎通ができなくなると、原因は何であれ、離婚は時間の問題です。離婚をすると、それもまた、向き合うべき1つのグリーフの体験となり、こうして悪循環が続いていくのです。

この本の執筆中に、私は別れた妻に電話して、息子の死の話を書くことについて、彼女の意見を聞いて話し合いました。彼女が私に打ち明けてくれたことの1つは、息子の死が私に何らかの影響を及ぼしていたということに、彼女はずっと気づかなかったということでした。でも、いったいどうやって気づけというのでしょう？　当時私はまるでアカデミー賞級の大丈夫なふりの演技をしていたのですから、誰も気づけるはずがなかったのです。

グリーフ年表に取りかかることは、あなたにとってはまだ怖いことかもしれませんので、もう1つの例をお見せしましょう。

ラッセルのグリーフ年表（次ページ参照）

●**4歳（1947年）**　物心がつく。私、ラッセルの一番古い記憶は、幸せなものでも悲しいものでもありませんでした。それは、青いベッドカバーの記憶だけでした。そのベッドカバーには、一面に船の絵柄がついていました。

●**5歳（1948年）**　青いジャケット。父がプロバスケットボールの試合に連れて行ってくれました。父はそこで、チームのジャケットを私に買ってくれましたが、後日、私はそれをなくしてしまいました。父はひどく怒りしつこく叱りました。この出来事の後、私は、父に対して、常に緊張感を持つようになりました。こうした出来事がいくつか積み重なって、私は父をまったく信用しなくなりました。

●**8歳（1951年）**　疎外感と引越し。私は生まれつき、牛乳と卵、ナッツ、チョコレートのアレルギーを持っていました。そのため学校でも特別な食事を摂らなければならず、自分はクラスの他の子たちとはかなりちがうと思い疎外感を感じていました。おまけに、髪がひどく赤くて、顔じゅうそばかすだらけでした。そば

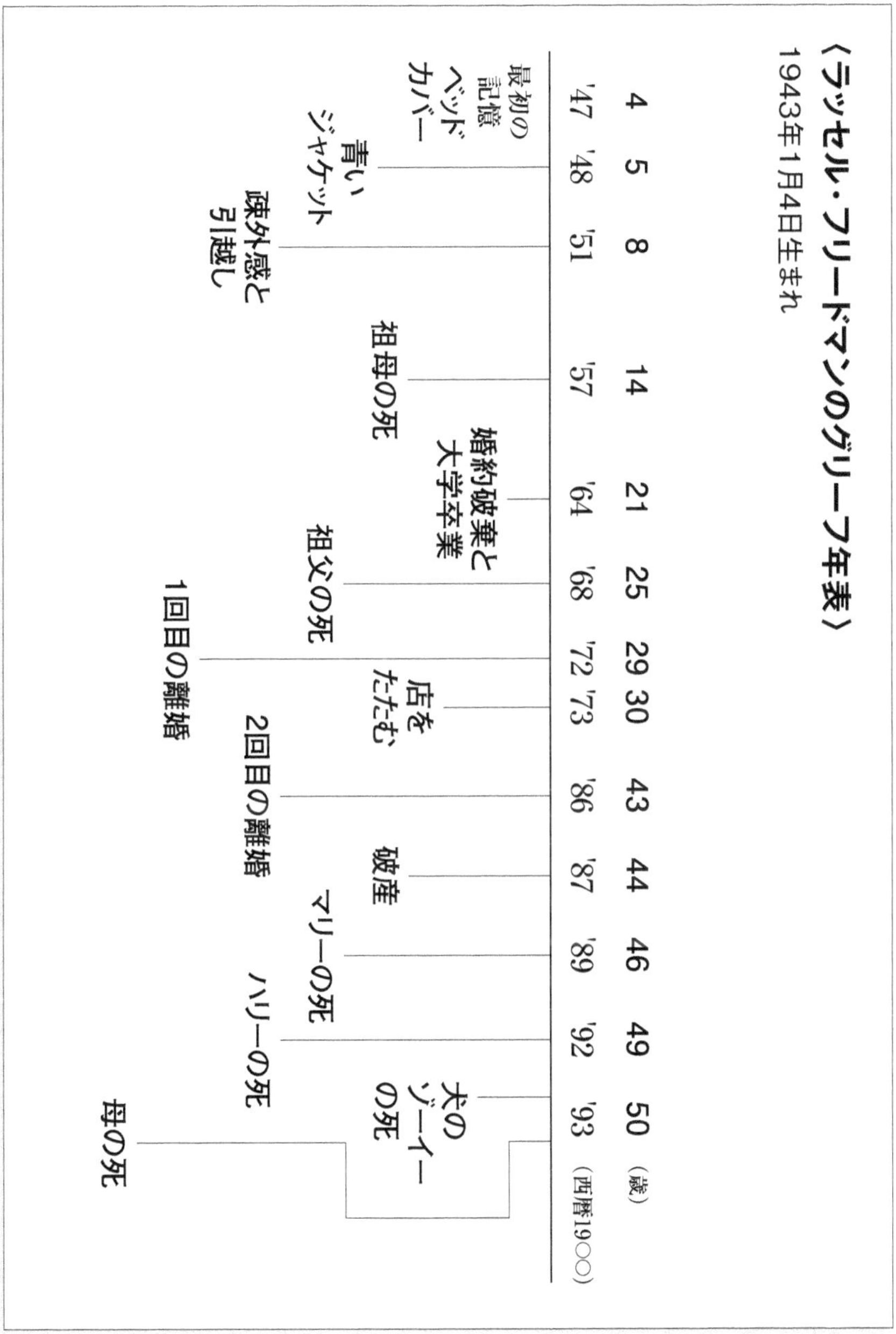
〈ラッセル・フリードマンのグリーフ年表〉
1943年1月4日生まれ
4 5 8 14 21 25 29 30 43 44 46 49 50（歳）
'47 '48 '51 '57 '64 '68 '72 '73 '86 '87 '89 '92 '93（西暦19○○）
最初の記憶 ベッドカバー
青いジャケット
疎外感と引越し
祖母の死
婚約破棄と大学卒業
祖父の死
1回目の離婚
店をたたむ
2回目の離婚
破産
マリーの死
ハリーの死
犬のジーイーの死
母の死

かすといえばかわいいと思うかもしれませんが、本人にとっては、かわいいなんて思えないものです。そのそばかすのために、私はよくからかわれ、ときにはひどくいじめられました。自分を守るための手段も持たず、ただただ自分はみんなとすごくちがうのだと思っていました。

私たち一家は、ニューヨーク州のロチェスターに住んでいましたが、冬はとても寒くて、じめじめしていました。私は重度の喘息持ちだったため、医者は両親に、もっと暖かいアリゾナかフロリダへの引越しを勧めました。私は慣れ親しんだ友だちや近所の人たちと別れるのはいやでした。

そこで、両親の感情に訴えかけて、自分の思いを話しました。それに対して、両親からは、引越しをすれば、もっと良い学校に行けて、もっと大きな家に住めて、お父さんはもっと良い仕事に就けるのよ、という理屈だらけの説明が返ってきました。私がどんなに友だちへの思いを伝えても、誰も取り合ってくれませんでした。

結局私たちは、フロリダに引っ越しました。するとそこでは、私が一生悩まされることになる健康問題が表面化しました。赤い髪と白すぎる肌のせいで、マイアミの酷暑と猛烈な紫外線の影響がすぐにあらわれたのです。私はスイミングプールでもシャツを羽織らねばならず、日焼け止めの軟膏を顔に塗ってからでないと外で遊べませんでした。それでもひどい日焼けに2、3度苦しんだので、私はすっかり太陽が怖くなってしまいました。このことで、私の行動範囲は制限され、仲間との友情にもひびが入りました。ここでも、赤毛と白い肌とそばかすのせいで、私はまたもや、疎外感を感じるはめになったのでした。

● **14歳（1957年）** 祖母。祖母が亡くなりました。祖母は、私たちの母が仕事に復帰したのを機に、わが家で一緒に住むようになりました。祖母は、私より10歳年下の弟のことばかりかわいがって面倒をみていました。私はこの時に「お兄ちゃんなんだからしっかりしなさい」ということを学びました。

● **21歳（1964年）** 婚約破棄。これは、私が初めて結婚してもよいと思える本気の恋愛でした。破局が訪れた時、私の胸は張り裂けそうでした。けれども、私は、激しい心の痛みに向き合う術を、何ひとつ持ち合わせてはいませんでした。この時私は大学の4年生でしたが、これ以来、授業をよくさぼるようになりました。そしてぼんやりと壁ばかり見つめていました。私はただフラフラと当てもなく生きていました。

●**21歳（1964年）**　大学卒業。昔から卒業は、うれしい経験としてとらえられています。たしかに、それは半分は真実でしょう。しかし私はといえば、新たに大人の社会に踏み出す興奮や解放感と、4年間慣れ親しんだ人々や思い出の詰まった場所や馴染んだもろもろを後にして旅立つ悲しさとの間で、心が引き裂かれる思いでした。でも、そうした悲しみについては、誰も聞きたがらなかったし、認めようともしなかったのです。

●**25歳（1968年）**　祖父。祖父が亡くなりました。私は祖父のことが苦手でした。祖父はとても気性の荒い人だったので、怖かったのです。大きくなってからも、祖父の態度にびくびくしていました。祖父と彼の息子である父は、ずっと不仲で、祖父が亡くなった時も、父の態度は冷ややかなものでした。私は「父のためにしっかりしよう」と努めました。

●**29歳（1972年）**　最初の離婚。この離婚は、私には、本当に想定外の出来事でした。まさかそんなことになるとは予想だにしていませんでした。私は打ちのめされ、混乱し、途方にくれてしまいました。私はそれまでずっと、「他の人のためにしっかりしなければいけない」という考え方で、あらゆる喪失に向き合ってきました。しかしこの場合、最も力を落としていたのは私自身であり、つまり、「他の人」にあてはまるのは自分でした。

今、あの頃を振り返ると、自分がまだこうして生きているのが不思議なくらいです。当時よくも大事故を起こさずに生き延びたものだと思います。私は何事にもほとんど集中することができませんでしたから。

そんな状態でしたが、私は、この喪失は単にひとつの喪失にとどまらないということに、気づいていました。結婚生活を失ったことに加えて、将来の希望も夢も期待も全て、パートナーへの「信頼の喪失」という大きな喪失と一緒に失った感じがしました。信頼というテーマは、私にとっては昔から最も重要なものでしたが、幼い頃からの数々の経験により、私には本当にかすかな信頼しか残されてはいませんでした。この離婚と、離婚に至るいきさつを経験して、私に残されたそのかすかな信頼も、見事に打ち砕かれてしまったのです。

●**30歳（1973年）**　店をたたむ。妻とふたりで開いたレストランは、離婚した後、私がそのままひとりで経営していました。しかし、私は、離婚によるつらい感情で胸がいっぱいになってしまっていました。そういうつらい感情を上手に扱う術を何ひとつ持ち合わせてはいませんでした。そのため、それまでは、私はかなり気配りができる経営者だったのですが、この離婚以降は、経営にあまり身が入らなくなっていきました。経営上の判断を誤るようになり、それにより、さらによくない過ちを犯すようになっていきました。そしてとうとう、私はそのレストランをたたみました。私の心はもうそこにはありませんでした。

●**43歳（1986年）**　2度目の離婚。今度の離婚は、最初の離婚とはかなりちがっていました。心の痛みは激しいものでした。夫婦のつながりも希望も夢も消えたことに加えて、もうひとつ大きな悩みがありました。この時、私は43歳でした。自分自身や、自分の人生や、自分の未来に対する感覚が、最初の離婚の後とはちがっていました。あの時より年を取っていたからです。

私は、自宅の近所の年輩者たちに関心を持つようになりました。私はよく、椅子に座って、年輩の夫婦を眺めながら、「いつになったら、私は、これからの人生を誰かと共にできるようになるのだろう?」と考えたものです。私の両親も別れた妻の両親もまだ離婚せずに一緒に暮らしています。それなのに、私の結婚は、2回のうち続いているのは0回でした。私は、人生を完全に失敗したように感じていました。

●**44歳（1987年）**　破産。一度離婚をし、そのせいで店を閉めたにもかかわらず、私は、2度目の離婚とその後の経済的な苦境に対して、なんら心の準備ができていませんでした。実際、先に起こったことは、後に起こることをおおかた予言していたのです。私は離婚を経験し、そしてまた離婚しました。私は仕事で失敗し、そしてまた失敗しました。

どちらの離婚でも、私は、それにまつわる様々な感情を、リカバリーしたり完結したりしてきてはいませんでした。もやもやした気持ちがたまりにたまって、それにばかり気を取られてしまったために、私は次から次へと商売上の決断を間違えてしまいました。結局、破産の宣言をするより他に道は無くなってしまいました。常に人に物を与える側であれとずっと社会から教え込まれてきたので、この破産で、私は地球上で最大の「敗者」になったような気がしました。

●**46歳（1989年）**　マリー。私のガールフレンドの母親マリーが亡くなりました。私とマリーはとても近しい間柄でした。彼女はいつも私の様子を尋ねてくれて、私の答えに真剣に耳を傾けてくれました。私はそんな彼女が大好きでした。マリーが亡くなった頃にはすでに、私はグリーフリカバリー・インスティテュートで働き始めていました。さらに重要なことは、この時までに、私は、それまでの喪失からくる苦しみを完結していました。そのおかげで、以前とは異なる2つのことが起こりました。1つ目は、マリーが生きている時に、彼女と仲良くやる方法を知って、自分の思いを伝えていたことです。2つ目は、彼女の死を心から悲しんだことでした。それまでの様々な関係はきちんと完結してあったので、私は亡くなったマリーとの新たな関係に心を開くことができたのです。心を開くということは、つらい出来事に心を痛めるということです。つらい出来事に対して心を開くのと同様に、愛情に対しても心を開くことで、私はより愛情深くなれました。何かを失ったら、悲しむのは、正常で健全な反応ですから、マリーの死に私は心を痛め、私は心から悲しみました。

●**49歳（1992年）**　ハリー。マリーの夫であるハリーが亡くなりました。ハリーと私は、マリーが亡くなってから、とても親しくなりました。彼か私のどちらかの家で、長椅子に座り、テレビのスポーツ番組を、数えきれないほどの時間見て過ごしました。ハリーは87歳になっていましたが、どんなスポーツでも細かなことに対して、驚くほど批評できる目を持っていました。そのうえ、私が生まれる前からのスポーツのイベントについても、色々なことをたくさん知っていました。私にとって、それはまるで楽しい歴史の授業のようでした。

ところが運命とは皮肉なもので、彼はアメリカンフットボールの決勝戦の2～3日前に亡くなりました。ですから、日曜日の決勝戦当日、わが家の長椅子にはぽつんと空席ができてしまいました。

●**50歳（1993年）**　犬のゾーイー。愛犬のゾーイーが亡くなりました。彼女は45kgもあるペットでした（もし45kgもある犬があなたの膝に乗りたがったとしたら、黙って乗せてあげてください）。彼女はよくおどけたりしてそれはかわいい犬でした。多くのペットへの愛情がそうであるように、私もゾーイーを無条件に愛していました。ゾーイーは、子犬の頃から私のガールフレンドに飼われていました。私がそのガールフレンドと一緒に住むようになると、ゾーイーは私を受け入れ、家族の一員として認めてくれました。ゾーイーががんにおかされた時、私たちはあらゆる手だてを尽くしましたが、命を救うことはできませんでした。ゾーイーが亡くなった直後は、毎晩帰宅してガレージの扉を上げるたびに、私の心は重く沈んでいきました。ゾーイーは、もう階段の上で私を迎えてはくれないと思う瞬間は、私が経験した中で最もつらい時間でした。

●**50歳（1993年）**　母。感謝祭の前日、母が突然不慮の死を遂げました。彼女が亡くなったと告げられた後に、私が経験したことを書かせてください。私が早朝のゴルフのラウンドを終えて、午前11時頃、自分のオフィスに入った時のことでした。オフィスの入り口を入ると、アシスタントが立ち上がってこう言いました。「ラッセル、悲しいお知らせです。あなたのお母さんが亡くなりました！」私は胸に強烈なパンチを食らったような感じがして倒れそうになりました――私は膝をついて、その場に泣き崩れてしまいました。アシスタントともう1人の友人が私を抱き上げてくれました。私は彼らの腕に倒れ込んで、激しく泣きじゃくりました。

グリーフ年表に何を書くか

私たちはグリーフや喪失を死別や離婚とだけ結びつけがちですが、ここでは、グリーフを引き起こす経験にはどのようなものがあるのかを、改めて整理しておきましょう。まず、最も役立つ定義をご紹介します。グリーフとは、慣れ親しんだ行動パターンが変化したり、終わったりすることによって引き起こされる、人間の矛盾した感覚のことです。ですから、私たちと、人や場所や出来事との関係に、何らかの変化が起きれば、それが何であれ、グリーフという矛盾した感覚が引き起こされ得るのです。

この定義を使って、喪失には、どれほど多くの出来事が含まれているのかを見てみましょう。まず、引越しについて考えてみましょう。引越しをすると、ありとあらゆる慣れ親しんだ生活パターンが変わる可能性があります。住むところ、働くところ、いつも顔を合わせている人、全てが変わります。

大きな経済的変化があった時にも、それがプラスであれマイナスであれ、慣れ親しんだパターンが大きく変わります。

体の機能や能力が大きく変化した時にも、とてつもないグリーフにおそわれます。手足が不自由になったり、目が見えなくなったり、糖尿病や腎不全といった状態になったりすると、おのずと生活パターンが変化します。脳卒中や心臓発作も、運動や食生活の内容や方法や時間帯に影響を及ぼします。更年期も、本人はもちろん、伴侶にとっても大きな喪失感を引き起こしかねません。

離婚は、自分自身の身に起きた時には、当然、自分が影響を受けますが、親しい誰か、たとえば両親や子どもや兄弟姉妹などの離婚からも、私たちは影響を受けます。

子どもの頃に受けた様々な虐待――肉体的、性的、精神的――は、時に人との前向きな相互関係がつくれなくなるという事態を引き起こします。なぜなら、そうした正しい関係に「慣れて」いないからです。

人生経験の多くはグリーフの定義に当てはまります。あなたにマイナスの影響を及ぼしたものはだいたい、あなたにとってのグリーフ体験です。ジョンとラッセルのグリーフ年表を見て、どのような出来事が喪失なのか、おわかりになったでしょう。おおむね、あなたがこれは自分にとって喪失の体験だと思ったら、それはグリーフ年表に記していってください。この課題では、間違いというものはありませんから。

3番目の課題「自分のグリーフ年表を実際につくる」

さて、前置きはこれくらいにして、いよいよ始めることにしましょう。まず、私たちがセミナーでご指導しているのと同じように、グリーフ年表をつくる際の注意点を、（パートナーと行う人、ひとりで行う人の両方に）説明したいと思います。

注意点1：「グリーフ年表」は、つくり終えるまでに、1時間以上かけてはいけません。グリーフ年表をつくることで、様々な感情を味わうかもしれません。あるいは、ほとんど、人によってはまったく感情が出てこないかもしれません。それはまったく問題ありません、心配しないでください。ティッシュを手近なところに用意しておいてください。もし感情的な反応が出て来たら、出るままにして大丈夫です。

注意点2：書く時は、しゃべらないでください。ひとりになって、無言で書くのが一番良いやり方です。

注意点3：ボールペンもしくは鉛筆と、紙を1枚用意してください。紙は、最低でもA4サイズか大学ノート程度の大きさが必要です。それより大きめのサイズであれば、なお良いです。その紙を、机の上に横向きに置きましょう。

注意点4：横向きに置いた紙に、上下が均等になるように、中央に一本真っ直ぐな横線を引きます。次に、その線を二等分したら、そこに、鉛筆で軽く印をつけてください。これが何歳の時の出来事かを記す際の目安となります。

注意点5：たとえばあなたが50歳だとすると、中間点は25歳です。線の左端に0歳と書いて、右端に現在の年齢を書いてください。次に、あなたに物心がついた年か、または、一番古い記憶がある年を、時間軸に合わせて記入してください。その時の記憶は、喪失と感じるものでも、そうでなくても、どちらでも結構です。

注意点❻：ジョンとラッセルのグリーフ年表は、物心ついた年齢から始まっていました。もし、あなたがその年齢をはっきり思い出せるならば、ジョンとラッセルと同じ書き方をしてください。思い出せなければ、だいたい2歳から5歳の間、たぶん5歳に近いところにあなたのいちばん古い記憶があるだろうと思われますので、0歳から数えて適した位置に書き入れ、そこから始めてください。その記憶は、良いことかもしれないし、悪いことかもしれません。幸せなものかもしれないし、悲しいものかもしれません。それは、出来事だったり、経験だったり、物だったり、場所だったり、人によって様々でしょう。物心がついた時をはっきりさせる一番簡単な方法は、あなたが最初に住んだ家のことを何でもよいから思い出すことです。ただし、これにあまり時間をかけないでください。これはただ単に年表の開始点にすぎないのですから。

注意点❼：何歳の時のことかを正確に思い出す必要はありません。その喪失であなたにどんな感情が湧いたのかということに、私たちはより関心があるのです。

注意点❽：さあ、ちょっと一息入れて、自分に尋ねてみましょう。「私が経験した中で、最もつらくて、最も人生が制限された喪失は、何だっただろうか?」と。

喪失との関係をつくる時間の長さと親密度について

喪失の体験はどれも全て、それが起こった時には、100%の強さの痛みとして経験されるものです。しかし、振り返ってよく考えてみると、その中には、他の喪失よりもより大きな衝撃を受けた喪失というのがあるのも事実です。喪失との関係をつくり上げているのは、時間と親密度だということをお話ししたいと思います。それが、どういう意味かここで例を挙げてご説明しましょう。

ラッセルは10年間、週に2回、同じクリーニング店に洗濯物を出しに行っていました。いつも、同じ女性が彼のシャツと洗濯代を受け取っていました。ラッセルは彼女の名前を知らなかったので、「おばさん」と呼んでいました。ある日、ラッセルがシャツを受け取りに行くと、男の人が出て来ました。ラッセルは尋ねました。「おばさんは?」と。すると男の人は言いました。「ああ、彼女は亡くなりましたよ」。ラッセルは、名前はおろか、彼女のことは何ひとつ知らなかったのですが、悲しくなりました。これが、期間（時間）は長いけれど、親密度が低かった関係です。

ラッセルは21歳の時（１９６４年）に婚約しました。しかしこの恋愛関係は、たったの3カ月しか続きませんでした。ロマンスに破局が訪れた時、ふたりの関係は最悪でした。その後、ラッセルが彼女と言葉を交わすことは、二度とありませんでした。それから32年後、ラッセルはふたりの共通の友人から、彼女が亡くなったという電話をもらいました。この知らせはラッセルに強い衝撃を与えました。彼女との関係は長くは続きませんでしたが親密で真剣なものでした。

〈グリーフ年表の書き方〉

❶まず、あなたにとって、一番つらかった喪失の体験を確認してください。おおよそでけっこうですから、横線上にそれが起こった年の位置を決め、下に向かって垂直に紙の一番下まで線を引きます。そして、どんな喪失の体験だったかを簡潔に書き入れます。「母の死」とか「子どもの死」とか「離婚」などです。ジョンとラッセルの見本のように、一つひとつのグリーフ体験に時間をかけて、長々と書く必要はありません。あなたがその喪失体験を思い出せるように、簡単に単語か語句をメモ書きしていただければ結構です。

❷あなたの一番古い記憶にまでさかのぼって、そこから覚えている喪失の体験を次々と記入していきます。垂直線の長さは、喪失感の強さに応じて決めてください（今感じている痛みが強いほど長く引く）。どんな喪失だったのかを思い出せるように、常に簡単なメモを記します。たとえば、「犬の死」とか「失業」といったふうに。

注1　時おり、同じ1つの体験で、マイナスとプラスの両方の気持ちが生じたことに、気づくかもしれません。これは正常なことです。多くの人にとって、結婚式の日は、人生で最もわくわくする日であると同時に、「自由を失う日」でもあります。

　子どもの誕生は、幸せな反面、親として新たな責任を負うことになるので、不安にもなります。しかし、この課題の目的を達するため、ここでは、出来事の悲しくつらい側面にのみ、焦点を合わせてください。グリーバーは、つらい思いをしたくないがために、出来事のプラスの側面だけを見ようとしがちです。このハンドブックを使う理由の1つはそこにあるのです。楽なことではないかもしれませんが、どうか喪失面にだけ目を向けて進めてください。

注2　30分もかけたのに、物心ついた時の他に1つぐらいしか記入できていないようだったら、迷わず休みましょう。わずかの部分をあまりにも熱心にやりすぎて、行き詰まってしまうという場合もあります。そんな時には、ジョンとラッセルのグリーフ年表をもう一度見てみましょう。そうすると、喪失をいくつか思い出すでしょう。

注3　自分の中に、何らかの抵抗感があっても、それは不自然なことではありません。しかし、抵抗してばかりいると、いつまでも終わりません。私たちの経験によると、14歳以上の人はだいたい誰でも、最低5つの喪失を書き出すことができます。成人の平均は、10個から15個です。

注4 「正しくやろう」などとは思わないでください。正直でありさえすればよいのです。この作業には成績などありませんし、誰の承認も要りません。課題に没頭してください。そうすれば、力を注いだだけの見返りがあるでしょう。でも、まず最初にすることは、とにかく今始めることです！

グリーフ年表から学ぶこと

あなた自身のグリーフ年表の完成、おめでとうございます！

あなたが、ご自分のこれまでの人生の物語を書き出したことは、目を見張るような体験だったことでしょう。あなたがどのような間違った情報を直接的に教えられ、間接的に吸収してきたかを知るためには、喪失の歴史をふり返ることがどうしても必要なのです。同様に、あなたが人から教えられたことやかつて自分で下した解釈に対して、自分を決めつけたり、評価したり、批判したりしないということも、大切なことです。

この点をもう少しお話しすると、あなたはまず、自分が発見した事実について、自分を追い詰めすぎないという約束をしなければなりません。そうすることで、あなたに間違ったことを教えた人に対しても、過度な決めつけや批判をすることはなくなるでしょう。心配しないでください。間違ったことを教えた人に対する思いを完結させる機会は、この本の中にきちんと用意してありますから。

グリーフ年表をつくり終えたら、いよいよそれを検証して、そこから何がわかるか見てみましょう。物心ついた時からたどってみると、あなたが信じ込まされてきたものが、非常にはっきりとらえられるのではないでしょうか。パートナーとこの作業を行っている人は、グリーバーたちの間に、たくさんの類似点があることにすぐ気づくはずです。私たちのセミナーやアウトリーチプログラム（出張相談会）に参加した人々はよく、自分たちの喪失や、その喪失に対する向き合い方が共通していることに驚きます。もちろん、類似点がたくさんある一方、人はそれぞれ独自の部分も持っています。科学者の説明によると、雪の結晶は同じ水からできているのに、どれ一つとして同じ形のものはないのだそうです。人間も一人ひとりちがいます。この課題は、人間の類似点と相違点を浮き彫りにするのに役立ちます。

ひとりで行っている人は、あなたの喪失と喪失に対する向き合い方のいくつかが、ジョンやラッセルと似ていることにお気づきになったかもしれません。

4回目のパートナー・ミーティング

完全に正直になること、守秘義務を絶対に守ること、自分とパートナーのリカバリーの独自性と個性を尊重すること、この3つの約束を、声に出し読み上げてから、始めてください。

いつもどおり、プライバシーが守られ、もし泣き出してしまっても安心できる場所で行ってください。念のためティッシュも用意しておいてください。

今回のミーティングは、今後の進め方の転換点となります。これからお話しする新しい指針に従えば、残りのミーティングも適切にやり抜くことができるでしょう。注意深く読んでください。上手に完結できるか否かはあなたが以下の指示に従うかどうかにかかっています。

パートナーと一緒に取り組むほうが利点があります。それは、あなたが書いたことを話す力がつくからです。この課題が最大限の効果を発揮するために、私たちがこの20年間で培った、非常に有効な指針をいくつか伝授しようと思います。ですからそれらにしっかり従ってください。

あなたのグリーフ年表と、すでに読み上げてある、あなたの間違った教えのリストと一時的な気晴らし（STERBs）のリストを手元に置いておいてください。

聞き手への指示

❶適当な距離を置いて座ってください。相手の顔を凝視したり、過度に緊張させる姿勢にならないように注意してください（たとえば、ふんぞり返ったり、腕を組んだり、足を組んだり）。

❷もし心から共感し、その場の雰囲気を壊さないと感じたら、泣いたり笑ったりしてもかまいませんが、決して絶対に話しかけてはいけません！

❸パートナーが話している最中に相手の身体に絶対に触れないでください。触れられると、大概感情が止まってしまいリカバリーが阻まれます。

❹自分が、耳のついたハート（心）になったイメージを思い浮かべてください。相手の話に全神経を集中させ、真剣に心の耳で聞いてください。

話し手への指示

❶30分以内で、あなたのグリーフ年表について話してください。これは厳密なルールではありませんが、くれぐれもミーティングの時間を独り占めしてしまわないように充分注意してください。それでは、あなたがたにとって意味がありませんから。

❷もし涙が出てきても、拭きとったりせず、そのまま読み続けるようにしてください。言葉を飲み込んではいけません。人は感情が高ぶると、言葉が喉につかえて出しにくくなりますが、がんばって言葉を出さなければなりません。

❸グリーフ年表について全て読み終えたら、聞き手と事前に同意した形で、受け止めてもらってください（たと

えばハグする、肩を抱く、背中をさする、手を握る、手をさするなど）。

❹それが済んだら、あなたが喪失の際に学んだ間違った情報（最初の課題98ページ参照）と使ったことがある「一時的気晴らし（ＳＴＥＲＢｓ）」（2番目の課題110ページ参照）について、数分間、話してください。すでに課題で取り組んでいますが、ここで新しい気づきがあるかもしれません。これは、あなたの思い込みがどのようにあなたのリカバリーを制限したのかに気づく絶好の機会です。

休憩を取って、役割を交代し同様に進めます。
終わったら、次のミーティングの予定を立てます。

ひとりで行う人へ

ひとりで行う人は、ジョンとラッセルのグリーフ年表を、パートナーとして使うと役に立ちます。まずふたりのものを再度丁寧に読み、それから自分のものを読み上げます。ふたりのグリーフ年表と自分の年表との類似点と相違点に注目してみてください。

もう一度、あなたのＳＴＥＲＢｓが何なのか（2番目の課題110ページ参照）を見てみましょう。ＳＴＥＲＢｓと、あなたの喪失との間につながりがあるかどうかを調べてください。あなたが書き出した「間違った教えと思い込みのリスト」（最初の課題98ページ参照）を見直し、それらと喪失とにつながりがあるかどうかを調べてください。

第3部

喪失の痛みを完結させる解決策とは

第3部では、心の大きな喪失から抜け出すために、あなたが取らなければならない5つの行動について紹介します。行動を起こすには、心を広く持ち、強い「意志」と十分な「勇気」が必要です。5つの行動とその意味は、次のとおりです。

❶グリーフを認める……まだ完結されていない関係性に気づくこと。
❷責任を認める……完結されない原因の一端は自分にあると認めること。
❸伝えるべき思いに気づく……あなたがまだ伝えていない思いにふさわしい言葉を探すこと。
❹行動する……その思いを言葉にして話すこと。
❺喪失を完結させる……伝えられなかった思いと痛みに別れを言うこと。

第10章
「完結していない」とはどのような状態か

ここまで、私たちがセミナーでどのようなことを行っているかを紹介してきました。ほとんどは、本書で紹介した説明のとおりに進めれば実行いただけますが、一部に、もう少し詳しい説明が必要なものもあります。たとえば「感情的に完結していない」というのはどういう意味かを理解することもそのひとつです。

アメリカのインスティテュートが提供している3日間のセミナーでは、グリーバーにいくつかの質問をしながら、「完結していない」ということがどういうことかについて説明していきます。

2日目に1人の参加者にこう尋ねます。「あなたは、参加者の誰かに好感を持ちましたか？　どんな点でもよいです」。「はい」という答えが返ってきたら、その好感とはどのようなものかと尋ねます。たいていの場合、「私は、○○さんの勇気に感心しています」とか「○○さんの率直さに好感を持ちました」といった答えが返ってきます。

さらに「それを○○さんに伝えましたか」と聞きます。返事は「いいえ」です。

そこでこう言います。「あなたがそれを相手に伝える前に、相手が死んでしまったらどうなるでしょうか。伝えられていない思いが残ってしまうのは誰でしょうか?」と。すると「私です」という答えが返ってきます。

そこで、次に「わずか1日しか会っていない人にも、思いを伝えず完結されない気持ちが存在するのに、長い人生で、一緒に過ごした家族や友人やその他の人たちに対しての完結されない気持ちは、どれほどの重さがあると思いますか？」と尋ねるのです。

人生の重大な出来事のみが、完結されない状態を招くとはかぎりません。完結されない状態は、大きなことであってもささいなことであっても、自分にとっての大切な思いが伝えられないまま積み重なり、完結されないまま残ることで起きるのです。私たちの経験からいえば、生きているかぎりグリーフとは無縁ではいられません。私たちは、未完結になっているグリーフを完結させなくてはならないのです。

時には、何かをしたことで、あるいはしなかったことで、完結されない状態になることもあります。また、自分ではどうすることもできない事情でそうなる場合もあります。そういった悲しいケースについてご紹介しましょう。

ある男の子がスクールバスに乗り遅れそうになって、家の前の庭を走っていきました。母親がそれを見て、「シャツをズボンの中に入れなさい。近所の人が見てるでしょ」と大きな声で言いました。数時間後、警察官が家のチャイムを鳴らしました。それは、男の子が学校の校庭で遊んでいる途中に、不慮の事故で亡くなったという知らせでした。母親は想像を絶する悲しみに苦しみます。

母親は息子との最後のやりとりについて、「もっとこうしていたらよかった」という思いが残ったのではないでしょうか？　息子との最後の会話がちがっていたとしても、母親の痛みは軽くはならないでしょう。しかし、母親が発した息子に対する最後の言葉は、この母親にとっては、確実に「もっとこうしていたらよかった」という悔いをのこす類のものだったことでしょう。

どういったやりとりが最後になるのか、誰にもそれを知ることはできません。私たちは、人との関係性において、往々にして後回しにしている課題がたくさんあるものです。それらは、必ずしも怠けてそうしていたわけではなく、後で時間をとってやろうと考えていたこともあるのです。しかし、死や離婚の後では、そのように先延ばしにしたことが、しばしば未完結の原因になるのです。

死や離婚などは、完結されない感情が起こりやすい出来事ですが、その他の喪失はどうでしょうか？　私たちが、親、兄弟姉妹、その他の人など、今生きている人との関係を振り返る時、「こうしていたらよかったのに」ということがたくさんあることに気がつきます。そういった場合は、だいたい伝えるべきことを伝えられていないことが積み重なり、そのために関係性も制限されているのです。

他人のせいで感情が完結されなかったり、さらに心がかき乱されたりするということも起こります。中には、私たちが大切な思いを伝えようとしても、それをさせてくれない人がいるものです。相手に無理に聞かせることはできないので、私たちは、度々、よきにしろ悪きにしろ、思いが伝えられない状況におちいってしまいます。また、感情的なことを言うのは怖いと感じる場合もありますし、思いを伝えるのに良いタイミングや場所を見はからっている場合もあります。しかし、そのタイミングが一度も訪れないこともありますし、そのまま忘れてしまったりもします。あるいは、脱線してしまうこともあるでしょう。そうこうしているうちに、思いを伝えたい相手が死んでしまったりします。そして結局、伝えられなかった思いを抱いたまま、動けなくなるのです。

要するに、「完結されない状態」というのは、思いを伝えられないままでいるということです。私たちは、時々、自分が誰かに対して何を言ったか、何をしたかがしっかり把握できていないことがあります。これが、「完結されていない」という思いを引き起こすのです。また時には、他の人が話を聞いてくれたかどうか、自分の意図したとおりにちゃんと伝わったかどうかわからないこともあります。これもまた、感情が完結されないままの状態を招きかねません。

これだけは覚えておいてください。「感情が完結されない」ことは、あなたのせいではありません。あなたに欠陥がある訳ではないのです。様々な状況や、あなたが行動したことやしなかったことなどによって、感情を完結させる機会が奪われてしまったというだけなのです。

完結されていない状態に気づく方法

第2部の第9章を読みながら書いていただいたあなたのグリーフ年表は、過去のグリーフ体験の主だったものを拾い上げて、タイトルだけを書きこんだものです。

この第10章の最後に、年表を使って、どの喪失体験がいまだに感情的に完結されていないのか確認する方法を説明します。

自分が書いたグリーフ年表を見直してみると、そこに記された人や出来事、あらゆる関係性にひもづいた様々な感情に気づくことでしょう。喪失を思い出した時、悲しく感じてしまうかもしれません。けれどもそれは、とても正常な反応です。

あなたの目的は、完結されていない関係を見つけ出すことです。グリーフ年表の各喪失体験を見た時に、自分が、単純な「悲しみ」だけを感じるのか、それともグリーフつまり、完結されていない喪失の痛みや苦しみを感じるのかを、あなたが区別できるようになることが大切です。あなたの助けになりそうなヒントをいくつか紹介しましょう。

〈喪失の苦しみと単純な悲しみを区別するヒント〉

❶亡くなった人のことや、喪失体験について考えたり、話したりする気になれないとしたら、それは完結されていないグリーフを意味しているかもしれません。

❷グリーフ年表をつくる中で、良い思い出だったものが苦しいものに変わったとしたら、あなたは完結されていないグリーフを経験しているかもしれません。

❸あなたが、その関係性の良い側面だけしか話したくないとしたら、それは完結されていないグリーフなのかもしれません。

❹その関係の悪い面しか話したくないということは、それは完結されていないグリーフなのかもしれません。

❺その関係について考えたりするだけで、不安や居心地の悪さを感じる場合は、その根底に完結されないグリーフがあるのかもしれません。

私たちは、人生で起こる全ての変化に対して感情が起こります。これらの変化のほとんどはささいで、大したことではなく、不快感はほとんどありません。しかし、中には、私たちの人生観や人生への向き合い方に影響を与え続ける出来事もあります。これらの感情が強ければ強いほど、完結されていない感情である可能性が高くなります。

私たちのセミナーやアウトリーチプログラム（出張相談会）の参加者は、たいてい、少し前に喪失を体験したことがきっかけで参加するケースが多いです。ところが、リカバリーのための行動を起こすと、自分が他にも完結していない関係を抱えていることに気づくようになります。本書の課題を実践していくにつれて、あなたも同じような発見をするかもしれません。

完結させる喪失を１つ選ぶ

さて、あなたにとって、最も完結していない喪失体験を見つける準備ができたことと思います。それは死別かもしれません。でも、忘れないでください。喪失感は何も死別だけによって起きるものではありません。

ほとんどの人は、離婚でもそうした完結されない気持ちにさせられます。また、両親、兄弟姉妹、親戚、友人などまだ生きている人との関係でも、完結されない気持ちになることがあるものです。

最初に完結させる喪失を選ぶための手順

手順❶　あなたのグリーフ年表を出して、まだ完結してないと思われる喪失体験を○で囲んでください。自分の気持ちに正直になって判断してください。どれくらいの文章量で書き出したか、どれほど昔の出来事かは問題ではありません。書き出したものの中でグリーフが完結されているかがわからない場合は、それも○で囲んでください。

手順❷　自分に正直になり、何が完結されていないと感じるか、何にまだ苦しんでいるかを見つめながら、第2部の第9章で述べた「時間の長さと親密度」（131ページ参照）の考え方を取り入れ、「手順❶」で○をつけたものを見直してください。赤ちゃんとの死別の場合は、過ごした時間は短かったけれど、親密度はとても高かったはずです。そうした場合は、子どもの死へのグリーフリカバリーを最初に選ぶとよいでしょう。

手順❸　あなたが本書を読むきっかけとなった喪失が、最初に完結すべきものではなくなる可能性はかなり高いです。そうであっても、かまいません。ただし、怖いからとか、つらすぎる喪失と向き合いたくないという理由で、さほどつらくない喪失を選ぶということはしないでください。

手順❹　あなたの中で最も完結されていない喪失は、グリーフ年表に記載されていないかもしれません。それは、喪失として現れない、まだ生きている人との関係かもしれないことに留意してください。

手順❺　取捨選択に1時間以上かけないでください。1時間以上かけることはあなたを混乱させるだけです。ただ、「私の人生で、どの喪失体験が、今の私に最も制限をかけているだろうか?」と問いかければよいのです。

手順❻　ここまでの手順をふんで、あなたの喪失の中から、1つを選んでください。どの関係についてまず取り組むべきかを決めますが、ここで大きく選択を間違ってしまうということはありません。完結されない関係が複数あったとしても、最終的には全てに取り組むことになるからです。

注意……両親との関係について、父母をひとつの関係として取り組むことはできません。それぞれとの関係にひとりずつ取り組まなければなりません。まずは、一番つらかった関係や一番感情的に完結していない関係、またはその両方に該当する関係を選び出してください。

優先順位とその他の喪失のためのヒント

長年にわたり、私たちは「最初にどの喪失に取り組むべきか」という質問を受けてきました。この質問は、幼[*7]い時に親が死んだ人から尋ねられることが多いです。親の死が、子どもである自分の人生に非常に大きな影響を与えたものの、最初に取り組むべき喪失なのかわからないというものです。

他にも、死亡や離婚以外の喪失に関する問い合わせもあります。中にはアルコール依存や精神疾患、様々な虐待、そしてアルツハイマー病や同様の病気との向き合い方についての質問もあります。信仰心の喪失、失業や病気などの問題に対処する方法などについても多く聞かれます。

第4部「取り組むべき喪失の優先順位とは」では、どの喪失に最初に取り組むべきかに関して追加で説明してあります。また、その他の特定の喪失に取り組むための手引きも記されています。あなたが、すでに最初に取り組む喪失を決めている場合でも、次章でご紹介する関係図に取り組む前に、まず先に第4部を読むことをお勧めします。

＊7 通常は0～10歳の間。

第11章 「関係図」をつくる

ある関係またはひとりの人との関係について正確な記憶を図表化するには、きちんと整った形式、本書が提案しているような形式を守ることが必要です。私たちは長年の経験から、完結させるべきことを見つけ出すための、きわめて簡単な方法を開発してきました。

あなたが指示されたとおりにこの形式を使用すれば、グリーフリカバリーの成功はほぼ間違いないでしょう。実際の話、問題が起きるのはほとんどの場合、この形式を変えようとする時なのですから。

「関係図」と「グリーフ年表」とのちがい

グリーフ年表では、喪失に焦点を当てました。記憶に残っている、人生における悲しく、つらい、不幸な出来事を書き出しました。これから書いていただく「関係図」では、ひとつの関係またはひとりの人との関係を詳細に見ていきます。

Ａ４サイズの紙を横にして、中央に左右の端から端まで線を引きます。その中央の線より上にプラスもしくは幸せな出来事を、線より下にマイナスもしくは悲しい出来事を、それぞれ記入していきます。喪失に見舞われた後で、私たちの脳は、伝えられずじまいだったもの、完結していないものを探すという振り返りを始めます。みなさんが気づいているかどうかわかりませんが、この振り返り作業は、喪失の直後から始まります。そして、実際に、その喪失が完結されるまで、振り返りは断続的に続いているのです。関係図をつくる目的は、あなたの振り返りを助け、完結されていないものを見つけ出し、完結させることです。

完結させても、大切なことや人は忘れない

感情的な喪失は完結されなければいけません。そして、安心してください、完結させるということは、大切な人を忘れるということではありません。私たちが完結させるのは、喪失を原因とする苦しい関係性です。喪失時に未解決のもの全てを、完結させていきます。あなたが今ここで先に進むのをやめるとしたら、その理由はただひとつ、大切な人を忘れてしまうのではないかという心配でしょう。でも、そんなことはありえません。ここで焦点を当てる関係には、3つの側面があります。「物質的」「感情的」「精神的」な側面です。

死は、私たちが持っていた物質的関係を絶ち切ります。もう前と同じように相手に触れたり、話したりすることはできません。また離婚は、それまで持っていた配偶者との物質的な関係をがらりと変えてしまいます。つまり、前と同じように相手に触れたり話したりできなくなってしまうのです。

感情的な関係の中には、たとえ相手が人であってもペットであっても、そこにある全ての感情が含まれます。こうした感情は、幸せでプラスの感情とはかぎらず、つらくマイナスな感情も入ります。死別や離婚に見舞われたら、その時に生じた喪失に、「完結されていないもの」を見つけ出し、完結させなければなりません。物質的な関係は、「終了」したり「変化」したりしますが、感情的な関係は、記憶の中で続いていきます。

精神的な関係を定義するのは、さらにむずかしいことです。人はそれぞれ、精神面において異なる期待があるからです。ここでは、精神的な関係とは、物質的な関係でも感情的な関係でもないということにしておきます。

それは、他者とのつながりをあなたに感じさせる、目に見えない何かです。精神的なつながりも感情的な関係と同じように、死別や離婚によって終わるものではありません。

グリーフは、喪失に対する正常で自然な反応なので、本書は、グリーフを中心とした感情に関する内容がほとんどとなっています。完結されない感情をきちんと完結させることができれば、物質的な関係が終わってしまったという、つらい現実をも完結させることができるのです。

グリーフリカバリーは、あなたの生き方に何らかの影響を与えますが、宗教観、哲学、精神性に干渉するものではありません。たとえばあなたが、故人と天国で再会できる、と信じていることを否定するものではないのです。

正確な記憶

グリーバーは、美化した思い出をつくりがちです。あなたが、誰かを美化したり、悪者扱いしているかぎり、完結させることはできないでしょう。真実を認めることによってしか喪失を完結させることはできません。思い出してください。あなたが本書で最初にした約束は、真実を語ることでした。美化したり、逆に悪者に仕立てることは、真実を語ることではありません。

私たちは、大切な人と死別した多くのグリーバーたちと話をしました。なかには、故人が生涯一度も過ちを犯さなかった、と言い出す人もいました。そういう人は、故人の長所や、好ましい面しか語ろうとしません。しまいには、こんな言葉を聞くはめになります。

「もっと早く、主人が生きているうちに、彼のありがたさに気づくべきでした。まったく非の打ちどころのない人でした」

私たちは、長い恋愛関係や結婚生活に終止符を打った人たちからも、同じような言葉を聞きました。こうした誇張された、一方的な記憶は、じつは傷ついた心の働きなのです。心が傷つくと、真実をより正確に話すということがどういうことかわからなくなってしまうのです。

あなたが、死別した人や離婚した相手のことをまだ愛しているとしても、その人は完璧な人間ではなかったはずです。あなたが完璧でないのと同じように。どんな関係でも、たとえ最も理想的な関係であっても、良い時もあれば悪い時もあるものです。あなたがグリーフリカバリーに取り組む時には、自分自身のことについてのみ、責任を持って正直に正確に真実を語れるのです。他人のことについては推測しかできません。その推測が真実と異なることはままあるのです。大切な人を真の姿ではなく、あなたの理想像で覚えていると、その相手との感情的な関係を完結させることはできなくなります。美化するよりも正確な姿のほうが、より記憶に残る懐かしい思い出になるのです。

真実こそがリカバリーへの鍵

リカバリーがうまくいくかどうかは、他者との関係での「自分自身」について完全に正直になれるかどうかにかかっています。しかし人間である以上、他者に何の印象や感想も持たないでいるのは、まず不可能です。ですから、他者をどう認識するかによっても、リカバリーの成功は左右されるのです。相手がしたことや、してくれなかったことについて批判的になりすぎると、その人との関係は、正確にとらえられなくなってしまいます。

このようにお話ししていると、本書が「大切な人」との関係を完結することを重要視しすぎていると思われるかもしれません。本書を読んでいる人の中には、好きではなかったはずの相手にグリーフの思いを抱いている人もたくさんいると思います。あなたの気持ちは強い恨みや憎しみのようなものかもしれません。そうだとしても、このグリーフリカバリー・プログラムが助けとなるでしょう。私たちは、リカバリーの実践を進めながら、関係性の中における恨みについて、さらに向き合っていきます。

実現されなかった希望や夢や未来への期待とともに、「もっとこうしていたらよかったのに」に焦点を当てて、関係性を深く見ていきます。

そのために「言えばよかった」または、「言わなければよかった」と思っていることを探します。「こうすればよかった」「こうしなければよかった」と思っていることも探しましょう。相手に「こう言ってほしかった」「こうしてほしかった」と思っていることもです。

関係性というものは様々ですから、確かに中には、愛に包まれた関係もありますし、完結されている関係もあります。しかし、自分には完結されていない思いが1つもないという人には、私たちは今まで出会ったことがありません。つまり、ほとんどの人が何かしら完結されていないグリーフを抱えているということです。

これまで、完結されていない自分を真っすぐに見ることを恐れたり、そうしたことを望んでいない人たちと多く出会ってきました。すでに亡くなっている人について自分が正直に話せば、その人のことを傷つけてしまうかもしれないという誤った思い込みをもった人たちにも大勢出会ってきました。

ここで改めてお話ししたいのですが、グリーフリカバリーに取り組むことは、相手との関係や記憶を損なわせたり壊したいからではありません。ここでの内容はあくまでも、あなたと、お互いの秘密を完全に守ることを誓いあったパートナーとの間だけにとどめられます。

心の準備をしていても完結されない思いは残る

ここで質問です。例えば、あなたは長く病床に伏せている愛する人を24時間つきっきりで面倒を見て、その間あれこれ何でも話し合っていました。けれど、最終的に亡くなってしまったとします。それでもまだ完結されない思いは残されるのでしょうか。

答えは、「はい」です。

なぜでしょうか？　1つ目の理由は、看病をしている間は病人も看病をする人も、治療や薬の服用のこと、緩和ケアなどで頭がいっぱいだからです。2つ目は、その病気のことを当事者に、第三者に話す時と同じように直接的な言葉で話すことは、まず不可能だからです。3つ目に、死というものが、大切な相手との関係への振り返りを強く迫ってくるからです。振り返りは、その大切な人がまだ生きている時には無理なことです。この点をさらに説明していきましょう。

あなたが愛する人の長い闘病生活を支えたことがあるならば、記憶に残っていることでしょう。どんなに心の準備ができていると思っていたとしても、また、これから起きることを受け入れる覚悟ができていると思っていたとしても、いざ死が現実のものとなると、途方もない衝撃を受けるものなのです。絶対的な終わりである死は、私たちを様々な後悔で一気に押しつぶします。

離婚も同じでしょうか？　「はい」とも言えるし、「いいえ」とも言えます。

離婚は、夫婦の間の関係が「終わる」ことでもあり、それにともなう夢や希望や期待がなくなることでもあります。夫婦が法的な手続きを始めるずっと前から、関係が終わっていると思い始めていたかもしれません。弁護士のもとへ離婚の相談に行く途中で、初めてそういった気持ちになる人もいれば、裁判所から正式に離婚の成立を言い渡されてやっと気がつく人もいます。

ついに終わったと思ったとたん、死別と同じように様々な後悔が一気にやってきます。死は自然に物質的な関係の終わりを告げますが、離婚はその関係を変化させてしまいます。

希望、夢、期待が死ぬ時

「死」は、決して一度きりのことではありません。実際の「死」に加えて、未来への全ての夢と希望と期待も死んでしまうのです。離婚やその他の関係性の破綻でも同じことが起こります。

うまくいっている関係での夢や希望は、一緒に時間を過ごすなどの未来に起こるあらゆる出来事と関わっています。多くの夫婦は、定年を待ち望んでいます。定年後、ふたりで旅行に行ったり、たくさんの趣味や娯楽などを楽しみたいと、様々な計画を立てています。

ところが、そうした計画を実現する前に片方が亡くなってしまうことがよくあります。夫婦以外でも、良好な関係にはたいてい、未来への希望が含まれています。こうした希望もまた、死と一緒に終わりを告げます。

うまくいっていない関係の場合には、いつかまた元のように仲良くなれるとか、傷つけた相手がきっと謝ってくれるだろうという希望が必ずあります。

アルコール依存症の家族や関係性が希薄な家庭など、機能不全家庭で育ってきた人は少なくありません。彼らは子どもの時には、別の生き方があるということなど知りませんでした。そのような人たちが大人になると、自分には普通の健全な子ども時代がなかったのだと気づくことがあります。彼らには、グリーフにしっかり向きあって子ども時代からの心の痛みを完結させることがどうしても必要です。それにはまず、今だからこそ気がつく当たり前の夢や希望や期待について振り返らなければなりません。

中には、両親や兄弟姉妹と仲が悪い人もいます。それでも、あるがままのお互いと向き合って、新たに良好な関係にたどり着くことができる場合もあります。彼らが再び絆を取り戻すと、ごく自然に、未来に対する夢や希望や期待を持つようになります。ところがよく、このように再出発した関係が、死別などで突然断ち切られることがあります。

「やっと親父とよりを戻せたのに、これから一緒に色々と楽しみたかったのに、親父は突然の心臓発作で死んでしまった」というようなケースです。

ここでは、これから起きるはずだった出来事に対しても、完結されていない感情が生じうるということを、理解することが大切です。死別した人や離婚した相手と以前に立てた楽しい計画を、色々と思い出すこともあるでしょう。将来さらにまた別のことを思い出し、胸の痛みを感じるであろうことを考えれば、現時点でできるかぎり完結させておくことが大切なのです。

「関係図」をつくるための2つの例

この後すぐ、あなたの関係図をつくる際の注意事項をお伝えします。まずは、2つの例をご紹介します。

ジョンと弟の関係図 （次ページ参照）

●**5歳（1949年）**　弟が生まれました。これは関係図を左右に走る一本線の上に位置するものでも、下に位置するものでもありません。上にあれば、うれしかったことで、下にあれば、怒りや悲しみを生んだ出来事となりますが、そのどちらでもありません（書き方は146ページ参照）。なぜなら、うまくコミュニケーションが取れていなかったからで、ここでは、そのことについて話したいと思います。

私は母が妊娠したことに気がついて、それがどんなことを意味するのかを母に尋ねた記憶があります。母から弟か妹ができると教えられて、私は幸せでした。しかし、生まれる時には弟はもう私と同じくらい大きくなっているものと、思い込んでいたため、私は混乱におちいります。すでに兄がひとりいたので、兄弟というものはいずれも私くらいの大きさがあるものだと思い込んでいたのです。弟が病院から家に連れてこられた時、

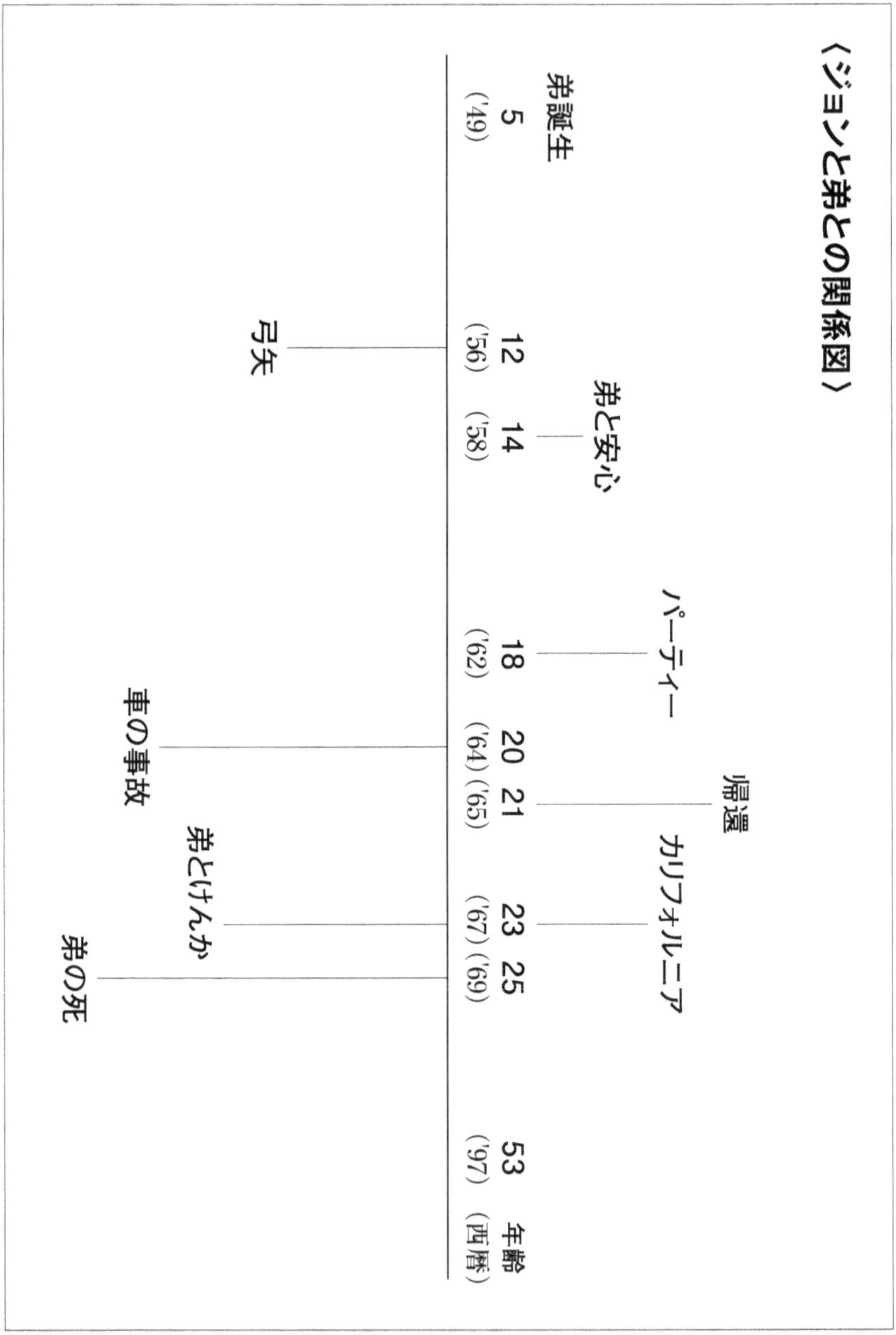
〈ジョンと弟との関係図〉
弟誕生
5 ('49)
弓矢
12 ('56)
弟と安心
14 ('58)
パーティー
18 ('62)
車の事故
20 ('64)
帰還
21 ('65)
カリフォルニア
弟とけんか
23 ('67)
弟の死
25 ('69)
53 ('97)
年齢 (西暦)

私はショックを受けました。弟は、私や兄と野球ができるほど大きくはなかったからです。これが、私の弟に対する一番古い記憶です。

●**12歳（１９５６年）**　弟が私の弓矢を壊しました。私はそのことで怒りました。弟に触るなと言っておいたのですが、弟はまだたったの7歳で、兄たちがすることは何でもやってみたかったのです。私は弟にかなり乱暴な態度を取り、彼を泣かせてしまいました。

●**14歳（１９５８年）**　弟が怖がって私のところに来て甘えました。両親が当時よく言い争いをしていて、弟はそれを見てひどく怯えていました。弟は私のところに来て、ベッドにもぐり込み、一緒にいてよいかと聞いたものでした。私は、弟が私といると安心だと思ってくれていることを、とても誇らしく感じました。

●**18歳（１９６２年）**　私は兵役につきました。兄と弟が、お別れパーティを開いてくれました。ふたりは私を愛していることと、無事に帰ってきてほしいということを言ってくれました。ふたりが私を愛してくれていることは普段からわかっていましたが、それでも、彼らから直接言葉を聞くのは、とてもうれしいことでした。

●**20歳（１９６４年）**　弟が私の車を壊しました。私は海外にいて、弟には私の車を使ってはダメだと言ってありました。けれども、15歳の少年である弟は、私の言うことを聞きませんでした。ある日、母が仕事に出た後、弟は車を運転して出かけ、電柱に衝突してしまったのです。

●**21歳（１９６５年）**　私は退役して家に戻りました。弟がわが家の玄関を開けてくれた時、彼があまりに大きくなっていたので、私は一瞬信じられませんでした。弟は私より背も高くなっていましたし、一家の大黒柱になっていました。私は彼を誇らしく思いました。

●**23歳（１９６７年）**　弟は私と一緒にカリフォルニアで暮らし始めました（１５４ページの関係図の見本をご覧になればわかると思いますが、この出来事は中央の線の上と下の両方に記されています。それは、私と弟は、仲が良い時もあればよくない時もあったからです）。私が家に帰ってきて欲しいと思う時にかぎって、弟は帰ってこなかったりして、私はまるで彼の親のような状態でした。弟は、自分のベッドを整えることも、車にガソリンを入れることも、しようとはしませんでしたし、女友達にかけた電話の巨額の請求書を実家に送りつけたりしていました。

私たちはいさかいを起こすこともありましたが、一方で、連れだって色々な場所に出かけ、笑い合ったりして、素晴らしい時間を過ごしました。ふたりは、兄弟であると同時に友人でもありました。

この年、私たちは一度、大喧嘩をしました。弟が結婚すると言い出したのです。私にはそれが到底良い考えとは思えませんでした。私たちは激しく口論をしました。結局、弟はあきらめ、学校に通い続けることにし、一件落着となりまた。私はその時の嫌な気持ちと向き合うということをまったくしませんでした。

●25歳（1969年）　弟が亡くなりました。弟とは電話で話をしたのが最後となりました。大学生だった弟は、友人たちを連れて、カリフォルニアに住んでいた私を訪ねて来るところでした。彼らは仮眠を取るために途中で一泊することにし、弟は予定の変更を伝えるため私に電話をくれました。

彼らはラスベガスにいて、初めて行ったので、歓楽街をのぞいてみたかったのです。いつもどおり、彼はお金がなくて、「いくらかお金を借りたい」と言いました。私は、私の友人がいるホテルを教えてやり、その友人が弟にお金を用立ててくれました。弟と色々な話をした後、私は「じゃあ、明日」と言って、電話を切りました。しかしその翌日、弟と会うことはできませんでした。電話があった日の午後に、弟は亡くなったのです。電話の最後に「おまえを愛しているよ」と言えばよかったと、どれほど思ったことでしょう。それ以前にももっと気持ちのこもった、正直な会話をしておけばよかった、と私は思いました。

ジョンは20年もの付き合いがある弟のことをよく理解していたつもりだったし、愛してもいましたが、こうして初めて彼との関係図をつくってみると、それほどたくさんの出来事を書きだすことはできませんでした。ジョンが弟との出来事を思い出し始めていくと、最初はどれもささいなことのように見えました。にもかかわらず、その出来事が起こった時に、しっかり聞くべきこと、言うべきことに気づいていたらよかったのにという気持ちが、わき起こってきました。これこそが、彼にとっての、相手に伝えられなかった思いであり、「もっと別のことをしていたら、もっとよくやっていたら、もっとたくさんやっていたら」という彼のかなわぬ願いとなったのです。

さて今度は、次の例を見てみましょう。伝えられなかった思いは太字で強調されています。

ラッセルと元妻ヴィヴィアンとの関係図（次ページ参照）

●**25歳（1968年）**　日曜日に出会いました。彼女の名前はヴィヴィアンといいました。私たちは日曜日に出会い、2日後の火曜日には結婚していました。私にとって彼女は唯一無二の存在でした。私はひと目で心を奪われました。彼女はそれは愛くるしい女性でした。ロンドン出身の彼女は、洗練されていました。当時を振り返ってみて気づいたことですが、彼女はまだ19歳でしたが、そのいかにもイギリス風な英語のアクセントとロンドンの雰囲気のために、25歳の私より彼女の方が年上に見られていました。

●**26歳（1969年）**　ヴィヴィアンは時おり不機嫌になりました。私は、彼女がイライラしていることに対してではなく、彼女の私へのコミュニケーションの取り方が不満でした。彼女はいつも物静かでしたが、何か問題が起こるといっそう無口になりました。**彼女が、何が起こっているのかを話したがらないことや、仮に話したくてもうまく話せないことを、私は、許してあげなければなりませんでした。**私はよく暗い気持ちになったし、何が彼女をイラつかせているのかは想像に頼るしかありませんでした。そのため、私自身にとってもすご

〈ラッセルと元妻ヴィヴィアンとの関係図〉

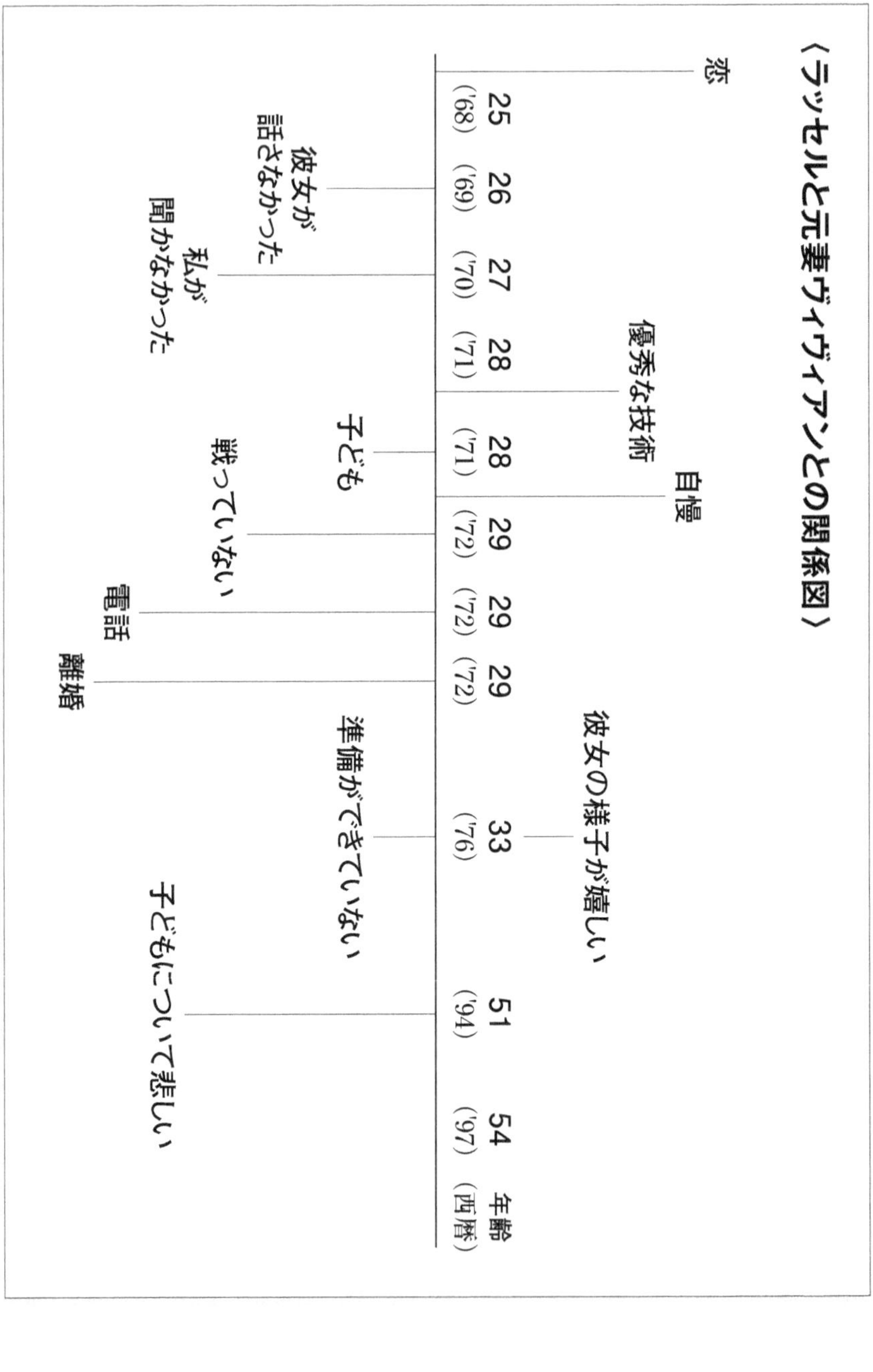

くイライラする毎日でした。

●**27歳（1970年）** 私は頑固な経営者でした。私は、かなり口数が多く、独善的で、支配的な性格でした。彼女は、私のそんな自己破壊的な態度を、どうやっても変えることができませんでした。彼女が私を説得しようとしても、たいてい私が却下してしまいました。

こうした中で私が下した決断の多くは、後に商売上、深刻な問題を引き起こしました。そうした誤った決断が、離婚の一因となったことに疑いの余地はありません。周囲に対しこんな言動をとってきた自分を、正直に見つめ直してみると、私が傲慢で独断的だったことを、彼女に謝らなければならないと気づきました。私自身と商売に起こしたこともすまなく思いましたが、それのみならず、**私を説得し助けようとしてくれた彼女に耳を貸さなかったことを心から申し訳なく思いました。**

●**28歳（1971年）** ふたりでレストランを開店させ、おのおの独自の能力が見事に組み合わされて花開きました。私たちは、性格も得意なこともまったく異なっていました。私は誰とでもすぐ仲良くなれて、世話好きな性格でした。彼女は料理やパンづくりに独創的な才能を発揮していました。しかし、**彼女特有の技術や素晴らしいバランス感覚のおかげで商売が順調に繁盛していたことに、どんなに感謝していたかを、私は伝えようとはしませんでした。**

●**28歳（1971年）** 彼女が子どもを欲しがりました。私たちは、性格こそちがってはいましたが、価値観は似ていました。ライフスタイルや人生設計の点もよく似ていました。唯一のちがいは、ヴィヴィアンが子どもを欲しがっていたことです。それは彼女にとってはとても重要な問題のようでした。しかし、私はといえば、それまでの人生でずいぶんたくさんの苦渋を舐めてきて、やっとのことでどうにか自由を手に入れたばかりでしたので、子どもを持つ準備などできてはいませんでした。

ですから、この後**彼女が子どものことを理由に離婚したいと言ってきた時、私はそれを許さなければなりま**

せんでした。また、もっと早く私自身の本心を話して知らせておかなかったことを、謝らなければならないとも思いました。

私たちの4年間の結婚生活は、めまぐるしい日々でしたが、大変大きな喜びもありました。私たちは、店に訪れる有名人をもてなして楽しみましたし、また、彼らに楽しませてもらいました。

私たちは、街の行事の中心的存在になっていました。彼女と一緒に行事に参加するのは私にとってワクワクする楽しい時間でした。しかし、そんな生活や商売に明け暮れていましたので、私は、伝えるべき思いを、落ち着いて彼女に話すことができませんでした。

私たちは義務的に「愛しているよ」と毎晩言い合ってはいましたが、**彼女が私にとってどんなに大切だったか、また、彼女と一緒にいるところを人に見られることがどんなに自慢だったか、そして、彼女をどんなに素晴らしいと思っていたかを、私は彼女に伝えてはいませんでした。**

私はレストランの経営に夢中で、私たちの結婚生活がどのような状態になっていたのかには気づいていませんでした。私の身勝手なやり方を彼女に謝らなければいけないと先ほど言いましたが、私だけが原因で結婚生活が破綻したとするのは、正しくありません。確かに私は独善的で一方的であったことを彼女に謝らなければなりません。しかしその一方で、**彼女が無口で、自己主張せず、自分の考えを伝える努力をしなかったことについては、私が彼女を許さなければならないのでした。**

●**29歳（1972年）**　彼女が離婚話を持ち出しました。結婚生活が進んだ先には、結果として大きな混乱が待ち受けていました。私は毎日楽しく暮らしていて、その幸せの中にまさか問題が起きているとは気づきもしませんでした。私たちの商売は繁盛し、幸せな結婚生活だと私は思い込んでいました。ところがその一方で、今になって振り返ればはっきりとわかることなのですが、問題が山積みで噴出寸前になっていたのでした。

ある日、彼女が電話で宣言したのです。私をおいて出ていく、離婚を届け出ると。この電話は私の記憶にこびりついて離れないものとなりました。彼女は私と直接会って話そうとせず、電話でそう言ったのです。**私にとっては、これは、いかに彼女が自分の気持ちを伝えるのが下手かを表す一例でした。そんなふうに伝えてきた彼女を、私は許さなければなりませんでした。**

私にとってこの離婚はあまりにも突然の出来事でした。離婚したばかりの数週間、私は色々な所へ出かけて様々な人と話をしたはずでしたが、そのことを何も覚えていませんでした。私が喪失の際に意識してきたことは、支えるべき誰かのために自分がしっかりしなければいけないということでした。そしてこの時「支えるべき誰か」とは自分自身だったのですが、こういう時にはどうすべきなのかについては、私はまったく知りませんでした。

そうこうしているうちに、あることに気づきました。問題があっても彼女がそのことについて話そうとしなかったことが、私の最大の不満だったということに気づいたのです。また、彼女が話しても、私は聞く耳を持たなかったことにも気づきました。こういったことに気づいたものの、その後どうしたらいいのかが私にはわかりませんでした。

彼女が話さなかったことを許し、自分が聞かなかったことを謝らなければならなかったのだと知ったのは、それからかなり後のことでした。

離婚によって、私たち夫婦の関係は、終了しました。離婚により、物質的な関係はほぼ終了しますが、感情的、精神的な関係は続いていきます。離婚の場合は、死別の場合に比べて、感情面や精神面の要素がより劇的に変化します。ヴィヴィアンと離婚してから25年あまりたちましたが、いくつかの出来事によって、私は彼女との関係でまだ完結していない思いがあることに気づかされました。

●**33歳（1976年）**　ヴィヴィアンが、新しい夫との間に、2人の男の赤ちゃんを養子縁組したと、伝えてきました。

さらにその後すぐに彼女は妊娠し、女の子を産みました。その時の私の気持ちは、２つの思いが混ざり合っていました。もちろん、私はそんな彼女の様子をうれしく感じていました。彼女は素晴らしい母親になると常に信じていました。しかし、一方で、私は傷ついていました。彼女と一緒だった時に抱いていた希望や夢や期待を思い出してしまいました。**私が子を持つ心の準備ができるまで、彼女が待っていてくれなかったことを、私は許さなければいけませんでした。**

●51歳（1994年）　親友が赤ちゃんを養女に迎え入れ、ガブリエルと名づけました。

その赤ちゃんはすぐにギャビーと呼ばれるようになりましたが、それよりも前に、私の心はすでに彼女の虜になっていました。彼女がやって来たのは生後7ヵ月の時でした。私は即座に自分のことを彼女の「一番のおじさん」と勝手に決めて、自分の車にベビーシートまで取りつけてしまいました。出会った最初の日から、彼女は、私にその小さな手を握らせてくれました。最初のうち、私がこの赤ちゃんに夢中になりすぎてしまったので、私はガールフレンドのアリスといささか気まずくなったほどでした。

ある日、グリーフリカバリーのセミナーを実施していた時に、私はギャビーについて話し始めました。すると、いつのまにか私の目に涙がこみ上げて来ました。その時自分に何が起きているのか、私はわかりました。

ヴィヴィアンとの関係では、最後にもう1つ重要な感情の問題があったのです。私が31歳の時（１９７４年）に、私はジーンという女性と出会い結婚していたことです。私たちが一緒になった時、彼女の娘ケリーは5歳でした。私はそれからずっと、ケリーの父親役を務めてきました。そのおかげで、親の気持ちは全て味わうことができました。ケリーは私の喜びそのものであり、彼女との関係は私にとっての宝物です。

私がケリーと出会った時には、彼女はもう5歳になっていましたから、私はギャビーより以前に赤ちゃんと触れ合った経験がまったくなかったのです。私はただの「おじさん」でしたが、ギャビーと一緒にたくさんのことをさせてもらいました。はいはいの仕方を教えたり、ポニーの乗り方や、お手玉やキャッチボールも教えました。

それらのことを思い出した時、私はヴィヴィアンとはできなかった様々なことに気づいて、落ち込みました。彼女と一緒に親になる機会を、逃がした、その重大さに気づき、私はとても悲しくなりました。私はすでにグリーフリカバリーを行い、謝罪や許しを経験した結果、私の中には、じつは25歳で彼女に出会った時に感じていた、ふたりが親になるイメージだけが残っていました。**だからこそ、ヴィヴィアンと一緒に子どもの親になれなかったことを、改めて深く悲しみました。**

4番目の課題「関係図をつくる」にとりかかる

関係図をつくり始めるために最初に取り組むことは、「グリーフを完結させるべき人物を1人選ぶ」ということです。後々、課題をパートナーと行う人も、ひとりで行う人も同じです。まず、Ａ4サイズの紙を1枚用意してください。その紙を横向きに置き、中央に一本横線を引きます。線の左端がその人物との関係の始まりとなります。あなたが親との関係を図にするつもりでしたら、始まりはおそらく、あなたが物心ついた年齢でしょう。それ以外の関係では、あなたがその人物に出会った年齢です。右端は現在となります。死別や離婚についての関係図をつくる場合は、必ず右端に現在の年齢を記入するだけでなく、その別れや喪失が起こった年も記入してください。なぜなら、関係は、死別や離婚で終わってしまうわけではないからです。

一番古い記憶——子どもの死

あなたが子どもの死（死産、流産、中絶、乳児突然死症候群〔ＳＩＤＳ〕）によるグリーフに取り組もうとしている場合、子どもとの関係の始まりを書くと、それは他の関係よりも少し早くなると思います。一般的には女性は、妊娠に気づいた時に、お腹の子どもとの感情的な関係が始まるといわれています。

また、女性は最初の胎動を感じた時、気持ちに変化が起きるといいます。それから2～3週間、女性はひっきりなしに夫にこう尋ねるのです。「ねえ、あなた、赤ちゃんが動いているのがわかる？」と。夫は言われたとおりに妻のお腹に手を当てます。が、まだ何も感じられません。やっとそのうち、妻のお腹が小さく蹴られるのを感じます。その時が、父親と子どもとの感情的な関係が始まる時です。この時点では、まだ身体的な関係は想像上のものでしかありませんが、感情的な関係は実感できるものです。

ジョンの妻は男の子を妊娠しました（しかし、同じ１９７７年に亡くなりました）。ジョンは最初の胎動を感じるやいなや、希望、夢、期待を抱き始めました。ジョンの息子は、ジョンが幼い頃与えられなかったもの全てが与えられるはずでした。身体的な関係はまだ始まってはいませんでしたが、感情的な関係はジョンと妻のふたりとも実感できるものでした。

本書で私たちは、実際に存在した関係を完結することについてお話ししてきましたが、赤ちゃんの死となると、「そうするはずだったけれど、できなかった関係」を完結しなければなりません。息子が亡くなった時、ジョンは新生児室の外に立ちつくし、こう考えたことを覚えています。「あの子は、私が何をしてあげようとしていたかを知ることはないだろう。私がどんなに愛していたかも、決して知ることはないのだろう」。

これらは、子どもの死によって実現できなくなった、彼の希望と夢でした。親なら誰でも、自分が子どもの時には手にすることのできなかったものを全て、わが子に与えてやりたいと思うものです。いったんそうした計画を立てた後に子どもが亡くなった場合は、その気持ちも他のグリーフと同様に完結されなければならないのです。

次に取り組むべきことですが、この章の初めに戻って、対象に選んだ人物との関係を、できるかぎり具体的に書き出してみましょう。目的は、伝えられなかった想いに気づくことです。では、思いつくままに記入してください。思い出した出来事が、線の上のスペース（プラスの思い出）に書くべきものか、線の下のスペース（マイナスの思い出）に書くべきものか、判断してください。

年代順に進まなくても結構です。覚えていることだけでなく、誤解していたことも見つけてください。編集したり、自分に制限をもうけたりしないでください。ただ思い出して、記入してください。正直に、そして徹底的にやることがとても重要です。ラッセルの元妻ヴィヴィアンとの関係図にあるそれぞれの出来事に対する彼のコメントや、伝えられなかった思いを、もう一度読み返してください。

出来事に対する決めつけや思い込みには、要注意です。重要なのは、その時、あなたがどう感じたのかということです。関係図は、選択した人物との関係にのみ集中してください。そうしなければ、焦点が、それを取り巻く別の人物との関係のことにすりかわってしまいかねません。

1時間以内で集中してできるように、時間を確保してから始めてください。最低でも10件の出来事を書き出すようにしてください。行き詰まったら、ジョンとラッセルの見本を読み直してください。思い出すきっかけとなるかもしれません。

あくまでも真実と正確さにこだわり、美化したり悪者扱いしたりしないために、線の上と下に少なくとも2つずつは出来事を書くことを勧めます。中には、よい関係だったから不幸な出来事を思い出すのはつらいという方もいるでしょう。また一方で、心が離れてしまっていた人との関係で、よかった出来事を探すのに苦労する方もいるでしょう。

たとえば、親に虐待された記憶があると、親子関係の仲のよい面を思い出したり、それに良い意味があったと思うことは、できにくくなります。あなたの人生の本当の出来事を、誇張や嘘偽りがない形で書き出すためには、本当に真正直にならねばならず、それには痛みがともなうのです。たとえ親が多くの点で暴力的だったとしても、あなたをちゃんと屋根の下に住まわせ、食べ物や衣服を与えてくれていたのではないでしょうか。虐待した親の良い一面を思い出すことは、その悪い行いを軽く扱うためではなくて、真実の親子関係はどうだったのかをしっかり認識し直すためなのです。どんな関係にも、良好だった部分とそうでないところ、正しい面と間違っていた面、甘い思い出と苦い思い出があるものです。

なかには、それらが絡み合って、時とともに良い関係から悪い関係へ、そしてまた良い関係へと変化する場合もあります。子どもの頃は親と仲良しだったのに、10代になるとぎくしゃくし、大人になるとまた非常にうまくいく関係などは、その典型です。

あなたは対象にした関係を、全面的に見直さなければなりません。10代の頃のぎくしゃくしていた関係にあった時に、伝えられていなかったことを思い出すこともあるでしょう。近頃の関係が良好だからといって、それまでの問題や出来事は全て完結しているなどとは思わないでください。

あなたは裁判官になるのです。他人がどう思おうと、それに影響されてはなりません。

私たちのセミナーに参加した1人の女性が、このような話をしてくれました。彼女の父親は彼女を飲み屋に連れて行き、仲間とお酒を飲んで冗談を言っている間ずっと、彼女をカウンターに座らせていたそうですが、これが彼女の一番好きな思い出なのだそうです。そんなところへ小さな女の子を連れて行くのは虐待だと他の人は言うかもしれません。しかし、ある人物との関係であなたがどのような思い出を持っているかは、他人がとやかく言うことではありません。大事なのは、あなたにとってその記憶が正確であるかどうかということです。

プラスの思い出には、玄関横のテラスに置いたベンチに並んで腰を下ろすことから、休日に一緒に遊びに出かけたり、手をつないで沈む夕日を眺めたり、力をあわせて子育てをすることまで、様々なことがあります。

新しいドレスやおもちゃ、水泳のレッスン、親から手取り足取り教えてもらったことは、大変深い慈愛の気持ちとともに記憶に刻まれることでしょう。あなたがささいな記憶だと思っても、省いたりしないでください。小さな伝えられなかった想いが積み重なったことが、あなたと相手の関係を完結できなくしてしまっているのですから。

マイナスな思い出には、単純なものであれば、意見が合わないことなども挙げられます。また、子どもの頃に罰を与えられたりすると、たいていそれは強烈な記憶として残ります。中でも問題なのは、自分がしてもいないことで罰を与えられた記憶です。いわれもなく罰せられたという不公平感は、生涯消えないこともあります。良い思い出と同様、悪い思い出も、この課題では、「小さなことだ」とか、「取るに足りないことだ」と片づけてしまうべきではないのです。

横線から上と下に向かって引く垂直線の長さで、その出来事が起きた時のあなたの感情の強さを示してください。上下の垂直線のどちらがより多くなろうと、問題ではありません。図に書き出したことが真実である、ということが大切なのです。他人がどう思うだろうかとか、何と言うだろうかとかは、気にしないでください。この図を他人が見ることはありませんから。さあ、あなたの番です。始めてください。

5回目のパートナー・ミーティング

関係図の完成、おめでとうございます。今からお話しする「ミーティング」では、パートナー同士がお互いの関係図の内容を共有します。ですから、忘れずに、あなたの関係図をご準備ください。まずは3つの誓約である「完全に正直になること」「守秘義務を絶体に守ること」「自分とパートナーのリカバリーの独自性と個性を尊重すること」をもう一度はっきりと口に出して誓ってから始めてください。安心して泣ける場所で行ってください。また、ティッシュを準備しておいてください。

関係図を必ず持ってご参加ください。

聞き手への指示

パートナーを組んでお互いに自分が書いた関係図の内容について話します。その聞き役になる時の注意点をお話しします。

❶適当な距離を置いて座ってください。相手の顔を凝視したり、過度に緊張させる姿勢にならないようにご注意ください（たとえば、ふんぞり返ったり、腕を組んだり、足を組んだり）。

❷もし心から共感し、場の雰囲気を壊さないと感じたら、泣いたり笑ったりしてもかまいませんが、絶対に話しかけてはいけません。

❸パートナーが話している最中に相手の身体に絶対に触れないでください。触れられると、大概感情が止まってしまいリカバリーが阻まれます。

❹自分が、耳のついたハート（心）になったイメージを思い浮かべてください。相手の話に全神経を集中させ、真剣に心の耳で聞いてください。

話し手への指示

自分の関係図について話す側になる時の注意点です。

❶あなたが関係図に書いた関係について話してください。始まりはあなたの一番古い記憶の年か、その人に初めて出会った年です。一般的に、親についての図なら、あなたの一番古い記憶の年から始まり、夫婦の関係では、

相手に出会った年から始まります。

　以下に例を挙げましょう。

「私は1943年に生まれましたが、父についての最も古い記憶は1947年、私が4歳の時でした。私をミルクシェイクを飲みに連れて行ってくれたのを覚えています。私はストロベリー味を頼みました。それは今でも私のお気に入りの味です」

「初めて妻に出会ったのは、友達のパーティでした。彼女のあまりの美しさに思わず息をのんだ、あの時の感覚は生涯忘れないだろう」

❷関係図に記した出来事について話していくうち、あなたと図に書き出した人との関係において、いくつもの側面（たとえば、嫌な面だけでなく良い面や、強い面だけでなく弱い面など）を直感的に埋めていくことができるでしょう。くれぐれも脱線しないように。親と配偶者以外の関係を取り上げた場合はなおさらです。また、独り言のようにならないよう、そこに相手がいることを忘れないでください。話は、30分くらいで終えるようにしてください。多少オーバーしてもかまいませんが、あまり長くなってはいけません。関係図に書き出した出来事に集中することが、最も効果的なやり方です。

❸もし涙が出てきても、拭きとったりせず、そのまま読み続けるようにしてください。言葉を飲み込んではいけません。人は感情が高ぶると、言葉が喉につかえて出しにくくなりますが、がんばって言葉を出さなければなりません。

❹全てを読み終えたら、聞き手と事前に同意した形で、受け止めてもらってください（たとえばハグする、肩を抱く、背中をさする、手を握る、手をさするなど）。聞き手は、ここで語られた内容についてつい言葉をかけたくなったとしても、絶対に絶対にかけてはいけません。それは決めつけや評価や、批判、過度に論理的な理由づけなどになってしまう危険があるからです。

休憩を取って、役割を交代し同様に進めます。終わったら、次のミーティングの予定を立てます。

ひとりで行う人へ

ひとりで行う人は、ジョンとラッセルの関係図を、パートナーとして使うと役に立ちます。まずふたりのものを再度丁寧に読み、それから自分のものを読み上げます。彼らふたりの関係図との類似点と相違点に注目してみてください。

第12章 「関係図」をリカバリーに必要な要素に変える

第11章で作成した関係図では、気づきを言葉にしてきました。ここからは、その言葉を使ってグリーフを完結させていきます。そのためにはまず、関係図に登場した言葉を次の3つの要素に分類することから始めます。

- **謝罪**
- **許し**
- **大切な思いを表現する言葉**

あまりに単純に見えるかもしれませんが、届けられなかった思いを伝えるには、この3つの要素で十分なのです。

「謝罪をする」ということ

「謝罪」とは、あなたがしたことや、逆にしなかったことで人を傷つけたかもしれない場合に、それを相手に謝ることです。たとえば、したことに対して「財布からお金を盗んでごめんなさい」、しなかったことに対して「病院にお見舞いに行かなくてごめんなさい」などのように、「謝罪」すべきかもしれません。次のような例もあります。死別や離婚の前に、伝えるべき感謝を言葉にしていなかった場合、「あの時プレゼントをもらったのにお礼を言ってなくてごめんなさい」と謝罪するのです。

これらの場合で重要なのは、あなた自身が、自分のしたこと、しなかったことをどうとらえているかです。自分がしたことやしなかったことで、相手が傷ついたり、気分を害したかもしれないと、わずかでも思いつくものは書き出してください。ここで重要なのは自分を責めないことです。目的はグリーフを完結させることであって、あなたがあなた自身をこれ以上傷つけることではありません。「謝罪」はほとんどの場合、二者の間でのプライベートな対話です。時には日常の場面で直接相手に「謝罪」できることもあります。しかし場合によっては間接的な「謝罪」であるべきものもあります。

被害者にとって「謝罪」は難しい要素

人生のほとんどが苦しみの連続だったために、被害者として振る舞う人たちがいます。その状態は人生の可能性を狭め限定させてしまい、さらに習慣化しがちです。そういった人たちの多くは、人生のほとんどの状況に対して、半ば無意識にそうした反応をしていることに気づいていません。

ですから、身体的であれ心理的であれ、人を被害者にしてしまう虐待は恐ろしいことです。ましてや自分を守る術を持たない無力な子どもたちが虐待されることは、ぞっとするほど恐ろしいです。

〝被害者〟にとって「謝罪」は困難です。記憶にすり込まれた被害者としての感覚が、しばしば不正確な視点を創造してしまいます。それでも、たとえどんなにささいであろうと、たった一度のことであろうと、あなたの過ちは「謝罪」しなければなりません。覚えておいてください、あなた自身が、全ての事実に対して完全に正直にならないかぎり、あなた自身のグリーフが完結することはないのです。

時として、自分の正当性への欲求が、「謝罪」を実行することへの大きな妨げとなります。私たちがもつ「自分こそが正しい」「自分は間違ってなんかいない」という感覚やひとりよがりな信念のせいで、私たちは、自分がしたことやしなかったことを、素直に認められなくなります。気持ちが離れてしまった人との関係に取り組む場合は、この点に特に注意してください。ともすれば、自分のほうこそ傷つけられたのだととらえがちです。たとえそうだとしても、あなたが相手に対して取ったもしくは取らなかった行為に対する「謝罪」が不要になるわけではありません。

「許す」ということ

「許し」とは、過去への期待を諦めることです。

「許し」とは、この世で最も理解されていない概念のひとつです。ほとんどの人は、「許す」を「大目に見る」という言葉に置き換えているようです。『メリアム・ウエブスター・カレッジ英語辞典第十版』の定義を見ると、どこに問題があるのかわかります。

- **許す**……（加害者を）恨むのをやめること。
- **大目に見る**……取るに足りない、害のない、あるいは大したことではないかのように扱うこと。

もしこのふたつの言葉を同義ととらえたら、「許し」はほぼ不可能となるでしょう。つらい出来事を、大したことでないと、大目に見ることは、けっしてやってはいけないことです。けれども、「許し」の定義にあるように恨むのをやめることであれば、私たちは正しい方向に進むことができます。

記憶に刻まれた過去の出来事による恨みは、私たちが人生を全力で生きる力を妨げ限定します。その人物なり出来事を連想させるものは、古い傷口をえぐり苦しみを追体験させます。リカバリーの成功には、恨みを持ち続けるのではなく、苦しみを完結させることが必要なのです。

「許し」というテーマに対する信念は、時として世代から世代へ受け継がれることがあります。たとえば一部の人は、「許す」という言葉そのものに対し拒絶反応を示し、口にすることすらできません。そのような人たちには、別の表現の方法があることを伝えます。たとえば「許す」と言うかわりにこう言うこともできます。「あなたがしたこと（またはしなかったこと）で、私は傷つけられました。でも、もうこれ以上私を傷つけさせません」。または、「あなたがしたこと（またはしなかったこと）で、私は傷つけられました。けれども私はもうこれ以上、つらい記憶に傷つけられはしません」。

他人の無神経で、無意識で、時には悪意ある行為が私たちを傷つけてきました。それに対して恨みを持ち続け、許せずにいることは、相手ではなく私たち自身を傷つけます。あなたを傷つけた人が死んでしまった場合を想像してみてください。あなたの消えない恨みで、その人は苦しみますか？　明らかにありえません！　では、あなたは苦しみますか？　残念ながら、答えは「はい」です。全てのリカバリーの要素に共通していますが、私たちの行動の目的は、自分自身を苦しみから解放することです。平穏を取り戻すために許すのです。「許し」は、許す相手と何の関係もない行為なのです。

「許し」は行動であって、感情ではない

実際に許せるまで、「許し」を実感することはできません。大勢の人が、「許すことなどできません。許すという実感がないのです」と言います。それに対し、私たちは「そのとおりです。やっていないことを感じられるわ

けがありません。」と答えます。「許し」は、それを言葉にした時、初めて感じることができるのです。まずは行動すること。感情は後からついてきます。

「許し」とは、相手に対する恨みを捨てることです。相手が実際にやったことを許す必要があるかもしれません。たとえば、「あなたが私の誕生日をめちゃめちゃにしたことを許します」と言葉にしてみる。あるいは相手がやらなかったことを許す必要もあるかもしれません。たとえば、「卒業式に来てくれなかったことを許します」と。

「許すことはできるけれど、忘れることはできない」という表現を耳にしたことがあると思います。ここには、直接関係のないふたつの概念が混ざっています。たとえばあなたが長年、暴力を受けていたとします。それを忘れることはまず無理でしょう。「許すことはできるが、忘れることはできない」とは、「忘れられない以上許すことはできない」という意味なのです。しかし考えてみてください、この場合、囚われの身となっているのは誰なのか。恨みを持ち続け、心を閉ざしているのは誰なのか。許さないことでより苦しみ、悪影響を受けているのは、誰の人生なのか。

　身近にいる人との関係に整理をつけたい時、その人に直接「許す」と言ってよいかどうか質問されることがあります。私たちの答えはいつも、「絶対に、絶対にいけません！　言ってはいけません」です。求めてもいない「許し」の言葉は、ほとんどの場合において、相手は非難と受け止めてしまいます。許される側は、許されたことを知る必要はありません。覚えておいてください。本人に直接「許す」と言っては絶対にいけません。

　最後にもう一点。自分が傷つけた相手に許してくれるよう頼む人がいます。これは、間違った心の通わせ方だと思います。なぜなら、相手に「許し」を求める時、その人は相手を自分の思うように操作しようとしていることになるからです。つまり、本来自分がとるべき行動を起こさず、相手に「許す」という行動を起こすよう、頼んでいるからです。死者に「許し」を請う行為は、死者に行動させようとすることです。霊的考えはさておき、本来自分がやるべきことは他人任せにせず、自らが行動すべきなのです。あなたが「許し」を求めるのは、自分がとった言動が「謝罪」すべきものとわかっているからです。でも、謝りたいと思うだけではいけません、実際に謝るのです。相手に許しを求めるのではなく、自らが謝ってください。

「大切な思いを表現する言葉」とは

「謝罪」でも「許し」でもない、伝えられなかった思いは、全て「大切な思いを表現する言葉」という枠で扱います。次の言葉はその一例です。

- あなたを愛していました。
- あなたを憎んでいました。
- あなたをとても誇りに思っていました。
- あなたのことが恥ずかしくてたまりませんでした。
- わたしのために犠牲になってくれたことを感謝します。
- あなたが私のために時間を割いてくれたことをありがたいと思っていました。

これらの言葉はシンプルですが深い意味を持っています。あなたが抱え続けていた未完結なあらゆる思いを、伝えさせてくれます。どの言葉もありきたりな表現に思えるかもしれませんが、未完結な感覚だった一因は、これまでずっと言葉にしてこなかったことが積み重なってしまっているからなのです。

私たちは本書のなかで、たびたび「ああしていたら」「もっとよくしてあげていたら」「もっと色々やっていたら」などの表現を使ってきました。これらが何を意味するのかを説明しましょう。死別や離婚の後、ほとんどの人が、「あの気持ちを言えばよかった」、「こうすればよかった」、「言わなければよかった」、「しなければよかった」と思うことをいくつも発見します。同時に、相手に言って欲しかったこと、言わないでほしかったこと、して欲しかったこと、してほしくなかったことをいくつも思い出します。これら全てが「大切な思いを表現する言葉」に分類される、伝えなかった思いの一部です。死別や離婚や他の事情で関係が終わったり、変化したりした時は、ほとんどの場合、夢も希望もついえてしまった感覚におちいります。そしてそこにある「大切な思いを表現する言葉」に気づきます。「失ってしまった」がゆえに伝える機会を奪われていた思いや気持ちを、今まさに言葉にする時がきました。

ただし、あなたが生きている人との関係に取り組んでいる場合は、否定的な大切な思いを表現する言葉は、決して相手に直接伝えてはいけません。あらゆる否定的な言葉は、相手に攻撃と受け取られます。相手を攻撃すると、あなたは完結できなくなってしまいます。

さてこれで、関係図を理解し活用できるのではないでしょうか。お疲れ様でした。

5番目の課題「関係図をリカバリーに必要な要素に変換する」

いよいよ関係図を、リカバリーに必要な3つの要素である「謝罪」「許し」「大切な思いを表現する言葉」に変換する時が来ました。新しい紙を一枚用意し、次のように3つの項目を書いてください。

- 謝罪
- 許し
- 大切な思いを表現する言葉

これらをリカバリー要素と呼ぶことにします。

次に関係図を取り出してください。そこにある出来事をひとつずつチェックして、リカバリー要素のどれに当てはまるか判断し用意をしておいた紙に記入して「リカバリー要素リスト」をつくってください。通常、関係図の中央に水平に引いた線の上のほうにある出来事は、「謝罪」か「大切な思いを表現する言葉」となり、線の下のほうにある出来事は「許し」か「大切な思いを表現する言葉」になると思います。特定の出来事は、2つの要素が当てはまる場合があります。たとえば、「父さん、ぼくを野球の試合に送って行ってくれてありがとう（大切な思いを表現する言葉）。でも、チームの中でぼくが一番下手くそだと言った父さんを、ぼくは許さなければならない（許し）」というような場合です。

関係図にあるたくさんの出来事は、少なくとも必ずどれか1つ以上のリカバリー要素が当てはまるはずです。同じ相手に対し別の出来事で同様の言葉をくり返しているかもしれませんが、気にせず進めてください。ひととおり終わったら、この後で、これらをきれいにまとめる作業がありますから、一つひとつの細かいところにこだわらず、全ての出来事のリカバリー要素への分類を、集中してどんどん行ってください。

6回目のパートナー・ミーティング

このワークショップでのパートナーと、書き上げたリカバリー要素のリストを共有します。始める前に、①完全に正直になること、②守秘義務を絶対に守ること、③自分とパートナーの独自性と個性を尊重すること、これら3つの約束を声に出して誓います。

自分の関係図とリカバリー要素（「謝罪」「許し」「大切な思いを表現する言葉」）に分類したリストを忘れずに手元に用意しておいてください。

聞き手への指示

❶適当な距離を置いて座ってください。相手の顔を凝視したり、過度に緊張させる姿勢をとらないように注意してください。（たとえば、ふんぞり返ったり、腕を組んだり、足を組んだり）。

❷もし場の雰囲気を壊さないと思われたら、共感して泣いたり笑ったりしてもかまいませんが、絶対に話し手に話しかけないでください。

❸課題の最中に相手の身体に絶対に触れないでください。触れられると、大概感情が止まってしまいリカバリーが阻まれます。

❹自分が、耳のついたハート（心）になったイメージを思い浮かべてください。相手の話に全神経を集中させ真剣に心の耳で聞いてください。

話し手への指示

❶自分のリカバリー要素のリストを、読み上げます。こうしなければならないという決まりはありませんが、より効果的な方法は、まずリストの、「謝罪」の部分から始めることです。たとえばこんな感じです。「私が昔、父の上着からお金を盗んだことを、父に謝らなければなりません」、とか「帰宅が遅くなった時、母に嘘をついたことを、謝らなければなりません」などです。ここでの第一の目的は、まずそうした気持ちを伝える必要があるということを自分自身が認めることです。そして、最終課題「グリーフリカバリーレター©を書く」でそれらを実行していきます。

❷「許し」の要素にあるものも同じように読み上げていってください。たとえば、「私は父を許さなければなり

ません」というような具合いです。続いて、「大切な思いを表現する言葉」でも同じように読み上げていってください。たとえば、「父に認めてもらうのがどれほど私にとって重要なことであったか、私は父に伝えなければなりません」というふうに。

❸もし涙が出てきてもそのまま読み続けるようにしてください。言葉を飲み込んではいけません。人は感情が高ぶると、言葉が喉につかえて出しにくくなりますが、がんばって言葉を出さなければなりません。

❹全て読み終えたら、聞き手と事前に同意した形で、受け止めてもらってください（ハグする、肩を抱く、背中をさする、手を握る、手をさするなど）。聞き手は、ここで話された内容についてつい言葉をかけたくなりますが、絶対にやめてください。絶対にしてはいけません。なぜならそうすることは、決めつけや評価、批判、過度に論理的な理由づけなどになってしまう危険があるからです。

休憩を取って、パートナーと役割を交代し同様に進めます。終わったら、次のミーティングの予定を立てます。

ひとりで行う人へ

ひとりで行う人は、ジョンとラッセルの関係図を、〝無言のパートナー〟として使うと役に立ちます。まずふたりのものを再度丁寧に読み、次に自分のものを見ます。伝えられなかった思いの言葉について、彼らとの類似点と相違点に注目してみてください。もし可能なら、さらに「伝えられなかった思いの言葉」を書き出しましょう。絶対に手を抜かず、丁寧に行ってください。

気づきから完結へ

本書にあるここまでの全ての課題に取り組んできたあなたは、グリーフを完結させる準備が整っています。そのグリーフを生んだ出来事が起こった日から、その痛みはあなたの一部となっていたと思います。その痛みとの関係に終止符を打つ時が来ました。関係図に記入された人物とあなたとの未解決の問題を、完結させる時です。

親しい友人もしくは専門家の勧めで、多くの人が故人に別れの手紙を書くことがあります。しかし不正確な情報はリカバリーの成功の大きな妨げとなります。適切な要素が欠けてしまっている別れの手紙を書くことは、残念ながら誤った情報を信じるのと同じことです。

別れの手紙を書くという概念は遠い昔にすでにありました。けれどもこの半世紀の間に、別れの手紙がもともと意図していた、完結という目的を失ってしまいました。残念なことに、そうした手紙の多くは、単なる出来事や感情が並べられた新聞記事のようなものになってしまっています。そういった手紙を書いた人の感想は、短期的には気持ちが楽になるが、長期的な解決にはならないというものでした。私たちは別れの手紙を書いたけれど、本書で紹介する全ての課題には取り組まなかった人たちに聞き取り調査をしました。彼らの取り組みでは例外なく、グリーフの完結にまで至りませんでした。成功させるには、ここまで取り組んできた課題を、グリーフリカバリーレター©へ変換させることが不可欠であって、単なる別れの手紙や新聞記事を書くことではありません。

最終課題「グリーフリカバリーレター©を書く」

グリーフリカバリーレター©は、あなたの中で今まで未解決だった、相手との様々な出来事からくるグリーフの完結を助けます。グリーフリカバリーレター©は同時に、その相手との良い思い出や、相手の良いところを記憶に留めてくれます。また天国の存在やスピリチュアルな概念など、あなたにとって大切な信仰が損なわれることはありません。

あなたはこれでようやく、完結できずにいたことに別れを告げられるでしょう。叶えられなかった希望や夢や期待も含め、その相手から連想されていたあらゆるグリーフに対して別れを告げることができます。また現実ではありえない相手への期待、相手から与えられなかったことや相手が与えるつもりがなかったことなどに対しても別れを告げることができます。覚えておいていただきたい最も重要なことがあります。それは、別れを告げることは、思いを伝え終えたという合図であって、相手との関係が終わったのではないということです。

いよいよグリーフリカバリーレター©を書く時が来ました。この作業は必ず成功させなければなりません。くれぐれも今あなたが行っている作業について他言しないでください。ここでは他者の意見は妨げとなります。友人や家族が、どれほどあなたのためを思って言う意見だったとしてもです。他の人たちはあなたのようにこの本を読んでいるわけでもなければ、ここまでの課題をやり遂げたわけでもありませんから、作業の内容とその重大さを理解することはできません。

では次に、内容と進め方を説明します。集中して指示に従ってください。

基本となる考え方

グリーフリカバリーレター©はひとりになって、休憩を入れず一気に書き上げてください。これを書く作業は、感情的に苦しいことが多く、私たちは本能的に苦しみを避けようとします。ここまであなたはたくさんの課題と向き合いがんばってきました。ここで躊躇してはいけません。遠い昔から、完結していない思いがどのようなものなのか、ほとんどの人たちは知っていました。ただ誰もそれをどうしたらいいのかわからずにいたのです。

具体的な書き方

少なくとも1時間はかけてください。関係図と3つのリカバリー要素のリストを手元に用意してください。図とリストに目を通し、グリーフリカバリーレター©を書きます。図とリストには、重複した内容がたくさんあるかもしれません。同じ思いをくり返し伝える必要はありません。このレターを使って、それら重複した思いをできるだけ簡潔な表現にまとめてください。レターでは、何よりも3つの要素に焦点があてられている必要があります。

手紙の長さに制限はありませんが、長くなるほど、感情の伝わり方が弱まります。これは伝えるべきことを伝える機会なのです。一般的に標準サイズの便せん3枚前後が適当です。もし5枚以上になってしまった場合は、内容が新聞記事のようになってしまっていたり、重複した内容となっている可能性があるので、見直してください。

レターを書く作業は、人によって感情的であったりそうでなかったりします。感情的にならなくても心配しないでください。グリーバーは、みんなそれぞれ異なり特別なのです。

以下は、レターを書く際に参考になる書き方です。

お父さんへ（その人を最も思い出しやすい呼称を使う）

ここしばらく、私とお父さんとの関係を見つめ直してきて、お父さんに言いたいことを、いくつか発見しました。

【謝罪】のパターン

お父さん、私は、……をしたこと（しなかったこと）を謝ります。

お父さん、私は、……と言ったこと（言わなかったこと）を謝ります。

➡たぶんこの要素に該当する未完結な思いは3つ以上あると思います。その場合は似ている思いをグループ分けしておくと、少ない数にまとめやすくなります。

【許し】のパターン

お父さん、あなたが私に……したこと（しなかったこと）を、私は許します。

お父さん、あなたが私に……言ったこと（言わなかったこと）を、私は許します。

➡たぶんこの要素に該当する未完結な思いは3つ以上あると思います。その場合は似ている思いをグループ分けしておくと、少ない数にまとめやすくなります。

【大切な思いを表現する言葉】のパターン

お父さん、私が……と思ったこと（大切な思いを表現する言葉）を、私はあなたに知ってほしい。

お父さん、私が……と感じたこと（大切な思いを表現する言葉）を、私はあなたに知ってほしい。

➡たぶんこの要素に該当する未完結な思いは3つ以上あると思います。その場合は似ている思いをグループ分けしておくと、少ない数にまとめやすくなります。

手紙の結び

グリーフリカバリーの目的は完結にあります。あなたが見つけた重要なことを完結させるために、レターを効果的に締めくくらなければなりません。

たとえば、友人と会った時、別れ際に、その一緒の時間を終える合図として「さようなら」という言葉を使います。このレターの場合も、思いを伝え終えた合図として、「さようなら」という言葉で結びます。

グリーバーの大多数にとって、最も効果的で適切な結びの言葉はシンプルです。「お父さん愛しています。お父さんがいなくて寂しいです。さようなら、お父さん」というように結べばよいでしょう。

でも、「愛しています」とか「いなくて寂しいです」などを、簡単に口にできない人も大勢います。そしてこうした言葉があなたの本心でないのなら、むしろ言うべきではありません。そのような時は、代わりにこのように言ってみてください。

「もう行かなければなりません。もう私の苦しみはここで終わりです。さようなら、お父さん」

相手とあなたとの独自の関係に基づいた、別の結びの言葉をつくることもできます。ただし、いちばん最後の言葉、「さようなら、お父さん」は変えてはいけません。ここで「さようなら」を伝えないと、あなたがこれまで取り組んできた課題全てが台無しになりかねません。なぜなら「さようなら」の言葉が思いを伝えることの完結を意味するからなのです。他の言葉で代用してはいけません。「さようなら」を言わないと、思いを伝えきれないまま、グリーフが未完結となるリスクが高まります。

グリーフリカバリーレター©——見本

グリーフリカバリーレター©の書き方をより正しく理解してもらうために、この本で紹介した関係図を例にとって、書き方の見本をお見せします。見本はただ書き方を説明するためのものなので、一部割愛してありますが、元のレターはこれより長文です。

まずは、1969年に亡くなった弟デニスに宛てたジョンの手紙の抜粋です。

親愛なるデニス

ここしばらく、僕とデニスとの関係を見つめ直してきて、デニスに言いたいことを、いくつか発見したよ。

デニス、デニスが僕の弓矢を壊した時、デニスを殴ってしまったことを謝ります。

デニス、デニスがカリフォルニアで僕と暮らしていた時、鬼教官さながらに厳しくしたことを謝ります。

デニス、デニスの結婚のことで、デニスと喧嘩になってしまったことを謝ります。

デニス、デニスが僕の車を壊したことを、僕は許します。

デニス、デニスがカリフォルニアで僕と暮らしていた時、デニスがしたことを許します。部屋を片づけなかったことも、車にガソリンを入れなかったことも、高い電話代を支払わされたことも。

デニス、デニスと兄さんのブルースが開いてくれた送別パーティがどんなにうれしかったか知ってもらいたい。デニスが僕を愛していると言ってくれたことが、僕にとってどんなに大切な意味を持っていたかも知ってもらいたい。ありがとう。

デニス、僕が、デニスをどんなに誇りに思っていたか知ってもらいたい。

デニス、デニスともう二度と言葉を交わすことができないとわかっていたら、必ず言っていたであろう全ての思いを知ってもらいたい。僕がどんなにデニスを愛していたか知ってもらいたい。どんな歌でも一度聞いたらすぐにギターで弾けたデニスの才能を、どんなに僕が誇りに思っていたか（そして羨んでいたか）、知ってもらいたい。デニスの身体能力の高さ、とりわけ棒高跳びの才能を、どんなに誇りに思っていたか知ってもらいたい。

デニス、共に人生を歩みたくても、もうこの世にデニスがいないことに気づいて、僕がどんなに悲しいか知ってもらいたい。デニスがどんな仕事に就き、どんな家庭を持ったかを、僕がどれほど見たかったことか知ってもらいたい。デニスが僕の子どもたちの叔父さんになれなかったことが悲しいよ。

デニス、愛しているよ。デニスがいなくて寂しいよ。

さようなら、デニス。


次はラッセルが元妻ヴィヴィアンに宛てた、グリーフリカバリーレター© からの抜粋です。

親愛なるヴィヴ

ここしばらく、僕とヴィヴとの関係を見つめ直してきて、ヴィヴに言いたいことを、いくつか発見したよ。

ヴィヴ、ヴィヴに対して威圧的だったことを謝ります。

ヴィヴ、ヴィヴの話に耳を貸さなかったこと、ヴィヴが僕に伝えようとしていたことを聞こうとしなかったことを謝ります。

ヴィヴ、ヴィヴの能力や、僕たちのビジネスにたくさん素晴らしい貢献をしてくれたことに、どんなに感謝していたか、ヴィヴに言わなかったことを謝ります。そしてありがとう。

ヴィヴ、ヴィヴに何が起こっていたのかを僕に話してくれなかったことを許します。

ヴィヴ、僕がまだ子どもを持つ準備ができていないのをヴィヴが理解してくれなかったこと、そして、僕を待ってくれなかったことを許します。

ヴィヴ、ヴィヴが僕たちの関係をあんな形で終わらせたことを許します。

ヴィヴ、ヴィヴと一緒にいるところを見られるのがとても自慢だったことを知ってもらいたい。

ヴィヴ、ヴィヴが素晴らしいお母さんにちがいないと確信していることを知ってもらいたい。そして、時々、ヴィヴと僕が一緒に親になれなかったことを悲しく思うことも。

ヴィヴ、僕はもう行かなきゃ。

さよなら、ヴィヴ。

大事な留意点

グリーフリカバリーレター©を共有し合うことは、プライベートな、守秘義務が生じる行為です。前にも書きましたが、「許し」とマイナスな感情を伝える言葉は、故人でないかぎり、絶対に本人に直接伝えてはいけません。ラッセルのヴィヴィアンに宛てたレターは、あなたに書き方を説明するために記載しただけです。グリーフリカバリーレター©を、決して誰にも渡してはいけません。グリーフリカバリー・パートナー以外の人に読んで聞かせてもいけません。

最後のパートナー・ミーティング ——あなたのグリーフリカバリーレター©を声に出して読む

まず、次の3つの約束を声に出して誓ってから始めてください。①完全に正直になること、②守秘義務を絶対に守ること、③自分とパートナーのリカバリーの独自性と個性を尊重すること。あなたとパートナーのふたりで取り組む時には、プライバシーが守られ、もし泣き出してしまっても安心できる場所で行います。念のためティッシュも用意しておいてください。

伝えられていない思いを完結させるには、ほとんどの場合、その思いを言葉にして言うことと、それを実際に誰かに聞いてもらうことが必要です。この本にある全ての課題に取り組んだのに、最後にレターを誰かに語っていない人たちがいます。そういう人たちがいることがなぜわかるのかというと、その人たちは、グリーフを完結できずに、別のグリーフのリカバリーのためではなく同じグリーフのために、再びワークショップへ戻って来てしまうからです。その人たちの多くは、お墓や仏壇に向かって故人にレターを読み上げます。でもそこに聞いてくれる、他の誰かがいないのです。

人間の「脳」は複雑で、そして多少頑固なところがあります。個々の宗教観やスピリチュアルな信仰がどうあれ、「脳」は無意識のうちに、思いを伝え終えたことを証明してくれる誰かを要求しているものなのです。これは理論がどうとかつくり話とかではなく、ただ単純に私たちがこれまで見てきたグリーフを完結させた人たちに実際に効果があったこと、役に立たなかったことの経験からお話ししています。

聞き手への指示

❶まず初めに、自分が耳のついたハート（心）になったイメージを思い浮かべてください。あなたの仕事は、唯一耳を傾けて聞くことです。相手に共感し、泣いたり笑ったりしてもかまいませんが、絶対に話しかけてはいけません。決めつけや、批判、分析と受け止められるような、いかなる言動もしてはいけません。

❷読み手から少なくとも1メートルほど離れたところに座ってください。読み手を凝視しないこと。相手を過度に緊張させてしまいます。リラックスして聞きます。あなたは、重要な告白に耳を傾ける友人なのです。

❸相手がレターを読み上げている間、相手に絶対に触れないでください。この大事な時にどんな形であれ、他者との身体的接触があると、たいていの場合感情にブレーキがかかってしまいます。しっかりと感情を感じながらレターを読んでもらうことが大切なのです。読み手にティッシュを渡す行為もだめで、読み手には自分でティッシュを用意しておいてもらいます。

❹相手のレターを聞いているうちにあなた自身の感情も刺激される可能性があります。それでよいのです。けれ

ども、これはあなたのことではないのだということを、覚えておかなければいけません。ですから、ある程度は自分の反応を抑制する必要があります。それでももし涙がこみ上げてきたら、そのままにしておいてください。あなたが自分の涙を拭うそぶりを見せると、涙はよくないというメッセージを相手に伝えてしまいます。

❺あなたの存在は、読み手にとってとても重要です。気が散りそうになっても、傾聴することに集中しなければなりません。パートナーのために、心の耳でしっかり聞いてあげてください。

❻読み手が、レターの最後にある「さようなら」と言ったらすぐに、事前に了解を得ていた形（手を握る、肩を抱く、背中をさするなど）で温もりを伝えてあげてください。相手が落ち着き「ありがとう」と言うまで寄り添います。レターを読み上げる作業は、ここまでの数々のとてもつらい作業の集大成なのですから。

❼決して相手に対して、決めつけたり、批判したり、分析しないことを覚えておいてください。そしてパートナーと今起きたことを話すのは望ましくありません。語り合うことは、決めつけや分析や、理論づけにつながりがちだからです。

読み手への指示

❶静かでプライバシーを確保できて、あなたが落ち着ける場所を選んでください。

❷ティッシュを用意してください。レターを読む作業には強い感情がともなうことがよくあります。聞き手から手渡してもらうのは作業を中断させることになるので、必ず手元に用意しておきましょう。

❸手紙を読み始める前に、目を閉じます。そこに聞き手役になってくれるパートナーはいますが、レターの目的は、宛先の人物に対して読み上げることです。その相手を思い出しイメージしてみてください。

❹目を開けます。レターを、声に出して読み始めましょう。感情がこみ上げてくるかもしれないし、そうでない

かもしれません。どちらでもよいのです。喉が詰まったとしても、泣きながらでも読み続けましょう。感情は、あなたが書いた言葉にすでに込められているのです。思いの詰まった言葉を外へ開放してあげましょう。言葉を、つまり感情をのみ込んではいけません。

❺最後までいったら、「さようなら」の文章を読み上げる前に目を閉じて、もう一度相手を思い浮かべ、そして最後の言葉を言ってください。この時、号泣するかもしれません。でも必ずはっきりと、「さようなら」の言葉を言うようにしてください。

❻覚えておいてください、あなたが「さようなら」と言っているのは苦しみに対して、解決されていなかったことに対してであって、幸せだった思い出に「さようなら」と言っているのではありません。あなたのスピリチュアルな信仰に対して別れを告げているわけでもありません。完結していない感情に、「さようなら」と言ってください。苦しみや孤独や混乱に、「さようなら」と言ってください。関係が終わっていたり、関係性が変わった相手との物質的関係に「さようなら」と言ってください。そうして、自分に泣くことを許可してあげてください。思いを全部解放します。同じように、泣かなかったとしても、あるがままの自分をよしとしてください。肝心なのは、あなたがきちんと「さようなら」と言うことです。そうしないと、あなたは完結しないまま生きていくことになるでしょう。

❼読み終えたらすぐに、事前に同意していた形（手を握る、肩を抱く、背中をさするなど）で労わってもらってください。気持ちが落ち着くまで、遠慮せずそうしてもらっていてください。その間泣き続けるかもしれませんが、それでよいのです。あなたは長い間、その苦しみを抱き続けてきたのですから。焦る必要はまったくありません。そして落ち着いたら、「ありがとう」と伝え完了します。

ひとりで行う人へ

もしここまでパートナーなしで行ってきた場合、誰か〝信頼できる人〟を、レターの聞き役として、探してみてください。友人でも、家族でも、セラピストやカウンセラーや、お坊さんや牧師さんでもかまいません。簡単な聞き手の役割を理解し尊重してくれる人なら誰でもかまいません。見つかったら、その方に、この章の「聞き手への指示」を見せてください。そして、厳密に指示どおりに手伝ってくれるよう頼みます。また守秘義務を守っていただけるよう、お願いします。

なかには、どうしても信頼できる聞き役を見つけられない人がいます。私たちは、あなたにとってどうしても無理なことを強要するつもりはありません。聞き役無しでレターを読むしかない場合は、そうしてください。形見の品や遺影の前で、あるいは墓地でひとりでレターを読むだけでも、行うだけの価値はあります。もう一つの役立つアイデアに、ボイスレコーダーに録音する方法があります。

手紙は捨てないでください。いつか、信頼できる聞き役が見つかるかもしれないからです。

「完結」とはどういうことか

この本で紹介した全ての課題に取り組み、レターを読み終えたあなたは、１００％完結しています。完結の意味は、あなたが忘れられずに引きずって来たこれまで関わった様々な側面に、未解決な部分を見つけ出し、伝えられなかった思いを、伝え終えたということです。これから先の人生でも悲しい出来事は起きることでしょう。完結したからといって二度と悲しい思いをしなくなるというわけではないのです。

それでも完結したことで同じことを何度も繰り返さなくてすむようになるということです。完結したことによって、あなたはまた元のように喜怒哀楽全ての豊かな感情を感じられるようになります。

日々の生活の中で、故人や別れた相手を思い出させるものや出来事は様々あるでしょう。その時々であなたが考えることや感じることには、何かしらの感情がともなうでしょう。幸せや喜びや笑いかもしれません。悲しみや居心地の悪さや何らかのマイナスな感情かもしれません。それで正常なのです。それを否定してはいけません。ただあるがままを見つめてください。抗わずそれらの感覚を許すことで、やがてそれは過ぎ去ります。隠そうとしたり、仕舞い込もうとすればするほど、それはさらに大きな痛みとなりかねません。

私たちからのアドバイスは、全ての感情は、それを感じているその時に処理しましょうということです。これはどういう意味で、実際どうしたらできるのでしょうか。

水族館にある巨大な水槽のガラスの前に立っているのを想像してください。そこであなたは友人と一緒に、魚たちが泳いでいるのを眺めています。魚が目の前をとおり過ぎるたびに、あなたは反応します。最初に美しい青い魚が目の前を泳いでいきました。静かに揺れ動くひれは、まるで絹の布がなびいているようです。あなたは振り向いて、友人にこう言います「わぁー、すごくきれいだね！　こんなに優雅な魚、他に見たことある？」そう言うか言わないうちに、次は、巨大なサメがノコギリのような歯を光らせてこちらへ向かってきます。あなたは、思わず息を止めて後ずさりします。そして、友人に言います。「うわっ、怖かった！　心臓がどきどきしてる」。ちょうどその時、小指ぐらいの大きさしかない、銀色の小魚の大群がうねるようにとおり過ぎます。小魚たちは一団となって、まるでひとつの生き物のようにいっせいに向きを変えます。あなたは目を見張って、こう言います。「どうしてあの魚たちはいっせいに同じ方向に進めるんだろう？　よくぶつからないね！」

この体験で、あなたはその時々感じた感情を処理したのです。まず最初に、青い魚の美しさに感動させられました。次には、サメに恐怖を感じました。そして最後に、小さな魚の集団に感嘆させられました。

その時々で、あなたは何かを感じ、それを言葉にして伝え、その後次の体験へ進みました。水槽の例では、魚の動きとともに、感覚が次から次へと変わります。しかし現実の生活では、私たちは時として、あるひとつの感覚にとらわれたままになってしまいます。または、過去の感覚を繰り返し思い出したりしています。もし自分が、過去の感覚に戻っていることに気づいたら、水槽の魚を見ている自分を思い出してください。そして次にやってくる感覚に反応するようにしてください。

つらい思い出にだけ縛られない

最もつらい経験のひとつは、愛する人が無惨な死に方をすることです。あなたは事故や事故の後の現場を目撃したかもしれません。事故現場の写真を見たかもしれません。その光景を想像しただけかもしれません。いずれにしても、その時のイメージが絶え間なく浮かんでくるという人がたくさんいます。また、なかには、病気と闘ってきた終末期の愛する人の最後の姿が脳裏から消えない人もいます。病気の残酷さによって外見がひどく変わってしまい、あなたが知っているありし日の面影が、ほとんど残っていない場合もよくあります。

その人のことを知っている友人はあなたに、もうそのことは考えないようにと言います。でも、それはほぼ不可能です。私たちは、その姿や光景が恐ろしく、痛ましいものであるのを、認めてあげるほうが役立つと考えています。でも同時に、グリーバーの心の中には、たくさんの別の姿や光景があることも思い出させてあげる必要があると考えています。

死は必ずしも常に穏やかに訪れるとはかぎりません。そしてそこに立ち会うことがつらい時もあります。ひとりの女性が彼女の夫の病院での生々しい最期の様子を語ってくれました。私たちの反応はこうです、「あなたにとって本当に何てつらい最後の記憶なのでしょう」と。そして尋ねます。「彼と初めて出会った時のことを覚えていますか?」。彼女は「はい」と答えます。そして再度私たちは話しかけます。「その時の彼はどんな様子でしたか?」。すると彼女はその時のことを話してくれます。

私たちはみな、愛する人の思い出を数えきれないほどたくさん持っています。素晴らしいものや幸せなものもあれば、悲しかったり嫌なものもあります。そして時として最後の記憶がつらいものであったりします。特に病気や事故でその人の姿が変わり果ててしまった場合です。実際に目撃したり、すでに思い浮かべてしまっている様子を思い出すな、というのは到底無理です。変わり果てた姿の最後の様子のつらさを認めることで、他のたくさんの記憶を全て思い出せるようになるのです。愛する人の最期の様子が思い浮かぶたび、それを受け止めなければなりません。

つらい最期の様子を受け止め、他の記憶を思い出すことは、そのつらい最期の様子を否定したり、軽んじたりする行為ではありません。グリーバーが、失った人との体験を語ることを許されることで、つらい最期の様子の記憶はより早く薄れていきます。そうなることで、つらい最期の様子のみでなく、失った人との全ての記憶を思い出す余地が生まれるのです。

新しい問題を見つけた時、どうするか——ジョンの息子の窓ガラスの例

1つのグリーフを完結させる過程で、新しい問題を見つけた時、どのようにグリーフリカバリーを進めればいいのでしょう。参考になる例を紹介したいと思います。

ジョンの息子コールが8歳の時、友達とよく家の前庭で野球をしていました。ジョンは子どもたちに、投げたボールが窓に当たらないよう、家と並行にキャッチボールするように教えました。しばらくはよかったのですが、ある天気のいい日、子どもたちは言いつけを忘れてしまいました。コールがキャッチしそこねたボールが、隣家の大きな窓ガラスを割ってしまったのです。

帰宅したジョンは、コールに窓が割れたいきさつについて真実を話すよう言いました。コールは8歳の少年なりに、一生懸命説明しました。その時の車のクラクションの音、吠える犬、まぶしい逆光の太陽、全部がその1シーンの重要な一部です。そして何より彼らが、ジョンの言いつけを忘れて、建物に向かってキャッチボールをしていた事実を話しました。

話の途中でジョンは、コールの話を聞かず、どんな罰を与えようかと考えている自分に気づきました。愕然としたジョンは、ひと休みして、しばらく外で遊んでいるようにコールに言いました。ジョンは天を仰いで自問しました。「いったいどうして自分は、真実を話すと罰せられると、愛する息子に思わせてしまうようなことを考えていたんだ⁉」。すぐに、答えが出ました。ジョンの父親のイメージがくっきりと脳裏に浮かんだのです。

ジョンは、亡き父親との間に、完結していなかったグリーフがまだ1つ残っていたことに気づきました。彼は紙とペンをとり、こんなことを書き出しました。

父さん、今僕は大切な息子の話を聞いていたところなんだよ。父さんが会うことができなかった孫の1人だよ。彼が、野球のボールで窓ガラスを割ったことを正直に話してくれていた最中、僕は途中から話を聞くのをやめて、どう罰するかを考えていたんだ。でも、それは間違ったことだと思ったんだ。それで、色々考えているうちに、突然思い出したんだよ。僕が息子ぐらいの年にはもう、父さんに本当のことを話さなくなっていたことを。毎回僕がどれだけ正直に話しても、父さんはいつも僕をひどく叱ったよね。それも、すごく厳しく、心が傷つくようなやり方で。

父さん、僕は息子に、真実と罰を同列にとらえてもらいたくないんだ。

父さんが僕にしたことが、後の世代に続いていかないよう、僕はここで断ち切らなければならないんだ。ぼくが真実を話したのに、あなたが僕を傷つけたことを、僕は許さなければなりません。僕が息子ともっと自由に、あなたとはちがった接し方ができるように、僕はあなたを許します。僕が常に何ものにも縛られず自由に真実を話し、真実に生きることができ、息子にも同じ生き方を教えられるように、僕はあなたを許します。

もう行かなければなりません。

愛してるよ、父さん。

さよなら、父さん。

ジョンは、父親に宛ててレターを書いたことで、解放された感覚でコールと彼の行動の結果について話し合うことができました。ジョンはコールが隣の家に謝りに行くのを助け、割った窓ガラスの修理代金をコールと友人たちが自分たちの力で稼ぎ出し、弁償できるよう一緒に考え手伝いました。罰はいっさい与えませんでした。でもジョンがこの出来事を完結するには、もうひとつしなければならないことがありました。翌日、彼は父親に宛てたレターを声に出して読み上げ、ラッセルが聞き役となりました。そしてハグをもらいました。ジョンがレターを読み上げ、それを人に聞いてもらうことで、思いは伝えられ完結しました。みなさんが学んだのと同じやり方で、私たちもグリーフを完結させます。新しい問題は声に出し完結される必要があります。そうすることで、次の問題が浮かび上がる余地ができるのです。

「関係図」と「グリーフリカバリーレター©」作成のさらなるヒント

ここまでで、みなさんは最低1つの関係図とグリーフリカバリーレター©を終わらせました。これらの手段は他の喪失に対しても使うことができます。本書の、第4部「取り組むべき喪失の優先順位とは」では、新たな情報が加わっています。そこでは、次のような出来事に関わる喪失についての進め方を紹介しています。

- 幼少期における親との死別
- 離婚や養子などによる親の不在
- 流産、不妊
- 大切な人がアルツハイマー病や認知症になった時の喪失感
- アルコール依存症や機能不全の家庭で育ったため、信頼や安全や健全な子ども時代を得られなかったという喪失感
- 信心深さ（信仰心）の喪失
- 失業
- 病気やケガ
- 引越し
- その他の喪失

あなたに影響を与えてきた様々な喪失に対して行動を起こす時、本書で学んだことが役立つのです。

第13章 さらなる完結に向けて

ここまで完結するための行動をしてきましたが、まだやるべきことがあります。

第9章でグリーフ年表をつくったことで、他にもまだ取り組むべき未完結の関係があることに気づいたのではないでしょうか。すぐに他の未完結の関係にも取りかかるべきです。私たちの目標は、あなたがこれまで経験してきた全てのグリーフを完結させ、心が解放されることです。

まだ未完結だと思う関係のリストをつくってください。ほとんどの人は、3つか4つ発見し、それらに取り組むことでさらに楽になれます。故人以外での、未完結な関係は、それを完結させないかぎり影響を受けたままだということを覚えておいてください。もしここまで特定のパートナーと課題を進めてきた場合は、できれば同じ人と続けるのが理想的です。

すでにみなさんは一度やっているので、2回目からはもっと早く進むはずです。グリーフ年表はすでにあるので新たに書く必要はありません。関係図から始めます。最初に忘れずに、①完全に正直になること、②守秘義務を絶対に守ること、③自分とパートナーのリカバリーの独自性と個性を尊重すること、これら3つの約束を声に出して誓います。

他の未完結の関係も完結させたら、いよいよ自分の人生を生きる時です。グリーフリカバリーの原則と行動は、喪失や失望や、つらい人生体験に立ち向かうための、あなたの新しい道具箱です。それを実際に使うことです。

そうすることで、それはあなたの新しい生き方の習慣となっていきます。

思い出の品の整理について

グリーフが完結すると、新しいものの見方ができるようになります。内側に変化が起きると、物事が以前とちがって見えます。関係性を完結させることが、こういった変化をもたらし、そして内側が変わったということは、今度は外側を見直す必要があります。こういった、喪失に対する内側の新しいとらえ方を、あなたを取り巻く環境へも反映させるべきなのです。

思い出の品の整理の第一段階は、喪失を思い出させる物を探すことです。本書の中で、愛する故人の遺品全てを大切に取っておいているグリーバーの話をしました。そして、これを〝美化〟と呼びました。喪失が感情的に未完結である時、私たちは遺品を手放せないのです。しかしもう、そうした「物」にしがみつく必要はないのです。遺品の中には、あなたの新しいものの見方にそぐわない物もあるはずです。そういった物は処分すべきです。どうしても取っておきたい物もあれば、どうしていいかわからない物があるのも普通です。

親切な友達が、衣類も記念品も何もかも処分するようアドバイスしてくれたかもしれません。でも私たちのほとんどは、何かしらを取っておきたいと思いがちです。私たちが出会った1人の女性は、亡くなった夫の遺品を全て処分してしまうという失敗をしたそうです。周りの人たちが寄ってたかって遺品全てを処分するよう助言し、彼女はすべきことをやらねばと思ったそうです。そしてある日、ビール4本を飲んだ勢いで思い切って、勇気を振り絞って、処分したのです。酔っぱらった状態で、彼女は一切合切を廃棄してしまいました。翌日、早速彼女は自分がやったことを後悔しましたが、すでに時遅しでした。

あわてて何でも捨ててしまう前に、正しい処分をするための計画を立てましょう。可能であれば、こうした作業はひとりでしないでください。

衣類の処分――山積み計画

グリーバーにとって最もつらい作業の1つが、故人の衣類をどうするか決めることです。いい方法のひとつに「ABCプラン」というものがあります。この方法は、他の遺品の整理でも使えます。別名「山積み計画」とも呼ばれています。どうしてそう呼ばれるのか、おいおいわかってくるでしょう。

目的は、残したい物を残し、不用品やどうでもいいものは処分することです。覚えておいてください。遺品の衣類を全て、居間に出します。全て、1枚も残らず集めてください。1枚ずつ手にとって、吟味します。衣類の山を3つつくっていきます。もしその品を手に取った時、懐かしい思い出が蘇ってきたら、そこで手伝ってくれている人に、あるいは知り合いに連絡するなりして、思い出を誰かに話してください。衣類は次のように3つの山に分けます。

- **Aの山**……絶対に取っておきたいもの。
- **Bの山**……処分したいもの。売るなり、形見分けするなり、慈善団体やバザーに寄付するもの。
- **Cの山**……どちらに仕分けるか決めかねるもの。

急ぐ必要はありません。このやり方にそって行えば必ず片づきます。居間に積みあがったたくさんの衣類を見たら、なぜ山積み計画と呼ばれているか納得しますね。山積みにした衣類は、次のように処理します。

- **Aの山**……クローゼットに戻します。

●Bの山……それぞれ行くべき相手へ譲渡します。
●Cの山……袋や箱に詰めて、押し入れや倉庫にもっていきます。

片づいたら自分を褒めてあげましょう。手伝ってくれた友人に感謝を伝えましょう。1カ月たったら、仕舞い込んであったCの袋や箱を全て居間にもち出し、もう一度山積み計画を実行します。今回も、必ず誰かに手伝ってもらってください。Aの山には、やっぱり取っておこうと思うものを。Bの山には、処分したいものを。残りは全部また袋や箱に詰めて、押し入れや倉庫に戻します。これをさらにもう一度行うと、目的の、残したいものは残し、不用品やどうでもいいものは処分することが達成されます。必要なら、3カ月後に再度行ってください。いずれ終わるはずです。

粛々と、1つずつ行うこと

もう1つ困るのは、愛する故人名義の預金口座の処理です。その口座から光熱費などが引き落とされていた場合、連絡がくるたびに悲しみが思い出されることになります。引き落とし手続きの変更などが、面倒だったりもしますが、粛々と自分の口座への変更を進めましょう。様々な名義変更も、今週はこれ、来週はこれ、再来週はこれ、と目標を立てて進めます。そうすることで、郵便受けに故人宛てに届く明細も減っていきます。

記念日をどうするか

グリーフリカバリーの課題に取り組み、遺品の整理も済ませたのに、再度悲しみに襲われる時があります。それは、あなたが愛する人と多くの時間を共に過ごしたからです。そこにはたくさんの記念日があります。記念日は一般的な記念日だけとはかぎりません。あなたにとって重要な意味を持つ日はいつでも、記念日と考えていいのです。ありがたいことに、記念日というものは、いつその特別な日がやってくるかが事前にわかっています。

問題は、あなたが自分の気持ちを自分の中に閉じ込め、隠そうとすることです。そのため、ともすれば、その特別な日を、ひとりで過ごそうとしがちです。でも、それはいけません。グリーフを完結した人でも記念日に悲しくなるのは、正常なことなのですから。

有名人の死にもグリーフは生じる

ダイアナ妃の死が報道された直後、わが社の電話は鳴り続けました。大部分は、張り裂ける心を抱えたグリーバーたちからでした。また、国内海外問わず様々なメディアから、世界中が信じられないほどのグリーフにおちいっているのはなぜなのかを解説してほしいとの依頼がありました。

彼らの共通の疑問は、なぜ知人でもない人に対してこれほどまでに感情的になるのか、でした。答えは、みんなが彼女のことを知っていた、ただ会ったことがなかっただけ、ということです。

前述した、まだ見ぬわが子の死に対する感情的な関係性について思い出してください。私たちはみな、憧れの人に対して感情的な関係を持つものです。それはスポーツ選手、俳優、歌手、バレリーナ、皇族などに対してです。そして憧れの人に会うことや、一緒に話したり、一緒の時間を過ごすことを夢見ます。大概の場合において、それは単に夢に終わり、私たちのほとんどはファンレターを書くほどの熱烈なファンではありません。しかしその人たちが亡くなると、私たちは言葉にしがたい未完結な感情を感じます。

このような一方通行の関係においては、関係図はおそらく必要ないでしょう。それでもグリーフリカバリーレター©は書いてください。故人にどれだけ感謝しているか伝えます。直接会って伝えることが叶わず悲しいこと。そしてレターを、「あなたに憧れていました（大好きでした、愛していました、など相応しい表現）。あなたがいなくなって寂しいです。さようなら」などの、正しい形で締めくくるのを忘れないでください。もし可能なら、友人に聞き役になってもらい、そのレターを声に出して読み上げてください。

第4部 取り組むべき喪失の優先順位とは

人生に影響を及ぼしてきた喪失による痛みの完結にみなさんがしっかりと向き合えるよう、私たちは何年にもわたって、多くの相談にのってきました。その経験をいかしこの度、本書には第4部を加え、そこに新たな2つの資料を掲載しました。

1つ目は「取り組むべき喪失の優先順位」です。優先順位として、まずどの喪失から取り組むべきかがわかります。

2つ目は「特定の喪失への取り組み方」です。特定の喪失には次のようなものがあります。

- 幼少期における親との死別
- 離婚や養子などによる親の不在
- 流産、不妊
- 大切な人がアルツハイマー病や認知症になった時の喪失感

・アルコール依存症や機能不全の家庭で育ったために信頼や安全や健全な子ども時代を得られなかったという喪失感
・信仰心の喪失
・失業
・病気やケガ
・引越し
・その他

第14章 どの喪失に最初に取り組むべきか——優先順位を理解する

私たちが自分の中に抱える喪失は、たった1つとはかぎりません。そして最初にどの喪失に取り組むべきかという選択は、じつは思ったよりも大切なことです。あなたが本書を手に取るきっかけとなった喪失が、最近起こったことであり、とても大きな痛みをもたらしているからといって、最初に取り組むべきものとはかぎりません。例えるなら「家を建てる時に最初に屋根からつくりますか?」ということです。この問いへの答えは明らかに「いいえ」です。正しい手順に従うなら、基礎からつくるはずだからです。

今のような例を挙げて、私たちはその人の基盤になっている関係性に立ち返って、そこから取り組むように勧めることもあります。そうした関係性が、現在の痛みの原因になっていなくても、です。その人の基盤となっているような関係性に最初に取り組むことは、実際に効果があります。というのも、以前の関係性の影響が持ち越されて、それが最近の関係性に影響を及ぼすからです。

記憶にある関係性からリカバリーを始める

幼少期に親と死別したり、一家が離散したり、片親または両親と長期的に離れ離れになってしまった結果、この本にたどりつくということはよくあります。また、小さい頃に養子にもらわれて、生みの親を知らずに育ったことで、心細さを感じている人もいるでしょう。親と死別した、親のいない状況だった、もしくはなぜ自分が養子にもらわれたのかわからないという状態は、その人の人生を決定づけるような出来事かもしれませんが、ほとんどの場合、生みの（実の）親との関係性が記憶にないため、その関係性に最初に取り組むのはふさわしくありません。

その大きな理由のひとつに、体験した年齢の問題が関わっています。こういったことが、生まれてから6歳までに起きていれば、別れた親や彼らとの関係についてのはっきりした記憶はかぎられます。生まれて数年間の、特に物心つく前のことを、正確に記憶し続けることは難しいのです。顕在意識の下にある記憶について、グリーフリカバリーをするための関係図をつくることは、ほぼ不可能です。あなたが記憶している以前の出来事について他人の話や意見に頼ることになれば、それはとても危険です。

私たちは、あなたが、最もはっきり覚えている人々との関係性から取り組むことをお勧めしています。幼い頃に親と別れていれば、通常は、育ての親とのことになるでしょう。私たちは決して、親との死別や離別が、「あなたの人生に最も影響を与えた喪失ではない」と言って可能性を排除しようとしているわけではありません。私たちは、グリーフリカバリーのテクニックを学ぶ前に、記憶にほとんど残っていない人との関係図をつくろうとして失敗している人たちを、多く見てきただけです。その人たちは自分の人生に不在だった人たちのことで、ずっとつらかったという思いを、ただ反すうしているにすぎないのです。

実際によく知っている人との関係性について関係図をつくったり、グリーフリカバリーレター©を書くことは、これからの人生の歩みをあらゆる点で助けてくれます。それらの関係の中で感情的に未完結のことを見つけて、完結させるようにしてくれるのです。その人との関係の良し悪しや、複雑な関係かどうかは問題ではありませんし、その人たちがまだ生きているかも重要ではありません。幼い頃あなたの人生からいなくなってしまった親について、後でリカバリーに取り組む際に、あなたの記憶にある別の人とのグリーフリカバリーが済んでいることはとても役立ちます。

このワークに取り組む時、片親と死別したケースであれば、たいていの生きている親は、自分のパートナーを失ったグリーフにさいなまれている場合が多いことを覚えておくといいでしょう。離婚したカップルも、お互いを失ったグリーフを抱えていることが多いです。

グリーフにさいなまれている親は、自身のグリーフにどう向き合えばいいのかといった知識もほとんど持っておらず、子どものあなたが喪失感（グリーフ）に向き合うための手助けがほとんどできなかったとしても無理はありません。子どもは親の行動を見て学びます。振り返ってみると、あなたは親の真似をしていたことに気づくかもしれません。親とグリーフについて話し合いをした中には、役立ったものがあったかもしれませんが、親の行動や親が言わなかったこと、見せなかったことのほとんどが、あなたの喪失と向き合う能力を狭めた可能性が高いでしょう。親から学んだことが何だったのかに気がつくことが私たちを助けます。そうすれば、役立たないものを捨て去り、あなたのグリーフを完結させるために効果的な行動を取り入れることができるのです。

優先順位を決める際の注意点――隠された関係や偽装された関係

最初に完結させる喪失を選ぶための手順の4つ目（144ページ参照）で、あなたが最初に取り組むのにベストな人や関係性は、あなたのグリーフ年表に書き出されてさえいないかもしれないということをお伝えしました。アルコール依存やその他の問題を持つ親が年表の中に現れることはめずらしいことではありません。というのも、問題のある親はあなたの人生に大変大きな混乱をもたらしたからです。

隠された喪失は、じつは問題がないと思っていた親との関係性であったりします。その親が生きている場合は特に、あなたの年表には出てきていないかもしれませんが、問題がないと思っていた親が、より重大な関係性を含んでいる場合があります。その理由の1つは、あなたの人生では問題がない親の存在の方がはるかに重要だということであり、もう1つの理由は、問題のある親に対するもう一方の親の反応が、あなたにさらなる問題を引き起こしたかもしれないということです。あなたが人生を振り返るにあたって、問題がある親に紐づく激しい感情のほうにフォーカスしてしまうかもしれませんが、まず「最初に」選ぶべき関係図はもう一方の親のほうなのです。

配偶者の死または離婚——最初から始める

本書を手に取った人の中には、最近、配偶者と死別した人もいらっしゃるでしょう。けれども、本書で課題を予習していたら、あなたの両親やあなたの人生に影響を与えたその他の人との間に、完結していない関係性が最低でも1つはあることに気づくかもしれません。死別した配偶者との関係性について取り組む前に、親との関係性について立ち戻って取り組むことが役立ちます。こうしたずっと前の関係性について取り組むと、その後に配偶者との関係性に取り組んだ時に、重要な発見が得られるでしょう。あなたが結婚に持ち込んだものの多くが、両親から学んだことだったり、両親に対する反応の産物だったりするということを覚えておいてください。

離婚や恋愛関係の終わりがきっかけで、本書を手に取った方にとっても同じことです。両親などあなたの基礎となっている関係性に立ち戻って、向き合うことがとても大切です。これによって、終わりを迎えた恋愛関係の中で自分がした行動の理由が、とてもはっきりとわかるでしょう。さらに結婚生活に影響した、別れた配偶者のしたことや、してくれなかったことに焦点を置くのではなく、その関係性の中の自分を偽らずに見る手助けとなります。実際に、自分が結婚に持ち込んでいた感情がどんなものだったかに気づくのにも役立ちます。

どの喪失についてはじめに取り組むか、ということに関しては、結局はあなたが選ぶことですが、まずは最も

2. 古い関係性に立ち戻って取り組むという選択肢を念頭に置いておいてください。結局は、あなたの人生に影響を与えた全ての主だった人々との関係について、グリーフリカバリーに取り組みたいと思うようになるということを覚えておいてください。

第15章 特定の喪失に取り組むための手引き

幼い頃に親と死別したり、親が不在だった場合

若い頃に親の死を経験したり、親が不在だった場合、すでに私たちが提案した課題を実行し、育ててくれた人たちとの関係について関係図やグリーフリカバリーレター©を作成されたことと思います。そうであれば、死別した親や不在だった親との関係に取り組む準備ができているということです。

関係図を作成するための手引きを読み、その関係図をリカバリー要素に仕分けたり、グリーフリカバリーレター©を書くことはぜひ取り組んでもらいたいことです。[*8] 関係図に関する指示は１６３〜１６７ページに記載があります。始める前に、戻って読み直してください。

本書では、グリーバーが亡くなった人を美化や悪者化することにより、記憶やイメージが、実際の本人に比べて肥大する傾向にあることを前述しました。子どもがまだ小さい時に、親が亡くなったり、突然いなくなった場合、その子どもはその親に対して大きな幻想を抱く傾向にあり、ほとんどの場合、それはいい幻想です。失った親を美化する（時には悪者化する）傾向がとても強いため、１６５ページにある次の具体的な指示を繰り返していただきたいのです。

それは「美化や悪者化することなく、真実や正確さを保つためには、私たちは、関係図の真ん中に書かれた水

平な線より上のスペースに２つ以上、下のスペースにも２つ以上の出来事を書き入れるように」という提案です。その親との関係について、最も正確な記憶のイメージをもてるようにするためにこのように提案しています。

多くの人が、自分が経験した喪失のつらい話を何度も繰り返します。不幸についてしつこいくらい何度も話すことが、そこから抜け出せない大きな理由の１つだということに、彼らは気づいていません。死別したり離別した親への感情を完結させるためには、２つの重要なポイントがあります。１つ目は、あなたが覚えているある具体的な出来事と、何気ない出来事、その時に感じた感情、今でも感じている感情にフォーカスを置きます。それは、あなたが囚われていた「同じ話を繰り返すこと」から抜け出すことに役立つでしょう。２つ目は、親との死別や親がいなくなったことによって、あなたに何が起こったか論理的に分析することをやめることです。

あなたの関係図をつくり始める

失った親についての関係図は、その親との最初の記憶があるという前提で、その記憶と向き合うことから始めます。その親の記憶がまったくないという可能性もあります。悲しいかもしれませんが、そこは正直になってください。話を聞いたり、写真を見たりすることがあっても、実際の記憶がないのなら、物心がついた時の記憶（１３１ページ参照）を、関係図のスタート地点としましょう。

その人がいれば当然体験したはずのことが、その人がいなかったために実際には体験できなかったということが、いくつもあるはずです。その親が不在だった初めての発表会やサッカーの試合などを思い出すことで、本来あるはずだったことへの喪失に気づくことができます。不在だったことが、ずっと頭に残っていたかもしれませ

＊8　「会ったことがない生みの親との関係」に取り組む養子の人も、このページに記載されているやり方に従ってください。

ん。他の子たちには両親がいましたから、彼らと自分は何かちがうと感じたかもしれません。そのことについてあなたを育ててくれた親と話すのは、気まずいので遠慮したかもしれませんし、もしかしたら、それを話したら悲しくなるので話せないと思ったかもしれません。こういったことは、あなたが幼い頃の大きな行事で何度も起こり、不在だった親についてたくさんの気持ちがあったのに、あなたはそうした気持ちを自分の内側にずっと閉じ込めてきたのかもしれません。

　覚えておいてほしいのは、こうした気持ちは、小さい頃の経験にかぎらないということです。卒業式や結婚式のような大人になってからの大切な行事も、当然いるはずの親がいなかったため、悲しい思い出となっています。

　しばらくすると、そうした感情にフタをすることを覚えて、その親の不在を大したことではないととらえていた可能性があります。上手に自分の気持ちを見ないようにできたとしても、高い確率で影響は受けているのです。グリーフリカバリーをする主な目的のひとつは、未完結のことを完結させるということです。そうすれば、もうそれ以上、気づかないふりをする必要などなくなります。

　具体的な出来事とそれに関わる感情的な反応を振り返って、不在だった親との関係図をつくってください。人生に影響を与えた、不在だった親との関係の中で起こったことや起きなかったことは無限にあるでしょう。少し例を挙げましょう。

- 誕生日やその他の祝日
- 初めて歯が抜けた時
- 学校の初日
- 演奏会やスポーツ行事
- 初めてボーイフレンドやガールフレンドができた時

- 初潮が来た時、初めて精通があった時
- 親権を持つ親と口論をした時

当然、あなたが成長するにつれ、起きることは変わってきたかもしれませんが、そうした時に共有する親がいなかったという思いはとても強いものである可能性があります。

「関係図」から「リカバリーの要素への仕分け」を経て「グリーフリカバリーレター©」へ

記憶に残っている最も昔から直近のことまでの関係図をつくり終えた後は、図に入れた項目を、「謝罪」「許し」「大切な思いを表現する言葉」というリカバリーの要素に分類します。関係図からリカバリーの要素に仕分けるための手順を再読してください（１７１～１７８ページ参照）。

この手順に従うとともに、ネガティブだけれど大切な思いを表現する言葉には、必ず後に「許し」を付け加えるようにしてください。そうしなければ、あなたは完結していないことを、ただつらいつらいと繰り返しているだけになります。多くの人が、つらい思いを言葉にしますが、許すことをしないので、その感情が完結されないままになっています。例えば、「母さん、自分の健康に無関心だったから、亡くなってしまったね。母さんがいなかったから、私の人生はボロボロだった」という思いが完結されるためには、「私はそんな母さんを許します。そして自由になります」とつけ加えるといいでしょう。

関係図の項目をリカバリー要素に仕分けたら、次はグリーフリカバリーレター©を書くステップです。１８１～１８８ページにある指示に従ってください。必ずこの形式に従うようにしてください。ここで紹介している関係性にピッタリですし、他の関係でもうまくいきます。この作業が終わったら、聞き手のパートナー（これまでずっと一緒に取り組んできた人が理想です）と会って、関係図とレターを読みあげてください。その際は189～191ページにある聞き手と読み手に対する指示に従ってください。

流産、死産、新生児死亡、不妊、中絶

子どもを亡くしたり、これまで子どもを得ていないならば、「一番古い記憶――子どもの死」に戻って読み直してください（163～164ページ参照）。妊娠したけれど流産したり、死産や生まれてすぐに亡くなってしまった子どもについての関係図をどのように始めたらいいかについての理解を助けます。このプロセスは、母親向けと思われるかもしれませんが、父親で「もっと何かがちがっていたら」「もっとこうだったら」などの感情を抱いている人や、その子との関係に対して特別な期待感や希望や夢をもっていた人にも有効です。

ここでも、前のセクションでまとめた、親と死別したり親が不在だった場合の一般的な手引きが当てはまります。というのも、子どもが、お腹の中にいた頃から育まれた感情的な関係があったにもかかわらず、実際に触れ合う機会が与えられなかった人との関係図をつくるという点で共通しているからです。

最後に、妊娠に至らない不妊についてもグリーフリカバリーは適用されます。私たちは、ほしいと望んだ子や希望や夢を託した子どもと感情面で関係を築きます。自分の子どもをもつという夢との関係性を「グリーフと向き合って、完結させる」ことが重要です。それによって、例えば、養子などの選択をすることができるようになります。養子という選択でなくてもいいのです。何が言いたいかというと、まずはじめに当時の夢については、できるだけ完結させること。そうすれば新しい選択ができるということです。

世間では、妊娠したけれど、流産や死産を経験した人が、その子に名前をつけることはこれまで推奨されてきませんでした。けれども関係図やグリーフリカバリーレター© においては、あなたと関係を築いた赤ちゃんに名

前をつけるチャンスが与えられます。不妊を経験している人にも同様です。あなたが夢にまで見た赤ちゃんに名前をつけることができない理由なんてありません。妊娠には至らなくても、ほしいと願った赤ちゃんとの関係は確かにあったのですから。その赤ちゃんに名前をつけることは、関係図やレターをつくるうえで役立ちます。

アルツハイマー病などの認知症

耐え難い痛みのひとつに、私たちにとって大切な人が、特に見た目や話し方は変わらないのに、記憶をなくしていくということがあります。よくある話に、ある母親がアルツハイマー病などの認知症の見知らぬ世界に行ってしまい、大人になった娘のことがわからなくなってしまうというものがあります。はじめは、母親は娘の名前やこまごましたことをたびたび忘れます。母親の忘れっぽさが治らないので、娘は昔の母親に戻ってもらうように努力を続けます。しかし戻るということが起きるはずもなく、状況は悪化するのです。最後には「ステキなお嬢さんね。名前はなんていうの？」となります。

状況が悪化するにつれて、娘はストレスが溜まっていき、会うのがひどくつらくなり、母に会うために介護施設へいくことをやめてしまいます。最後に母親に会いに行ってから1年後、介護施設から母親が亡くなったと電話がかかってきます。母親の死の悲しみに加えて、介護施設でひとりで死なせてしまったという後悔が、娘を二重に苦しめます。少なくとも母をひとりぼっちにするのではなかったと、娘は強い自責の念にさいなまれます。

当然ながら、行動するのに最もいいタイミングは、あなたの大切な人がアルツハイマー病、または認知症の初期ステージだと知った時です。この時にすぐ取り組むことです。しかし、関係図やグリーフリカバリーレター©はいつでも作成できます（146～192ページ参照）。関係図をつくる手順は変わりませんが、ここでは関係図を2つのパートにわけるということが大切なポイントです。

1つ目のパートは、その人との関係性であなたが覚えている一番古い記憶から、まだ認知症を発症していない最近までのものとします。そしてまず、その1つ目のパート、つまり認知症発症前の関係について、グリーフリカバリーレター©を書いてください。このレターの中で「さようなら」と書く時には、認知症になる以前の関係性に対してさようならと言います。こうすることによって、認知症になった後のその人との関係性について、新たにリカバリーをスタートすることができるのです。

2つ目のパートでは、変わってしまった後のその人との関係性の図をつくりましょう。思い通りにならないことやそれにともなう感情がたくさんあるかもしれません。その人との間で次々に起こることに対して、前より我慢できなかったり理解がなくなっていたら、まず謝ることが必要になります。その一方であなたは、あなたに対するその人の話し方や行動について、たくさん許さなくてはいけなくなるでしょう。その人があなたの記憶を失くしていくのを見ることがどれだけつらかったか、きっとそのつらい感情を表現する言葉も出てくるでしょう。

すでにその人に対する関係図やグリーフリカバリーレター©をつくっているのなら、アルツハイマー病などの認知症を知った後を起点とする図をつくりましょう。古い関係を完結させる行動を起こすことで自由を手に入れ、大切な人と一緒の時間を引き続き過ごすことができます。たとえ以前に知っていた人のようではなくなってしまっていても。

アルコール依存症や機能不全家庭で育った場合

家族にアルコール依存者がいたり、機能不全家庭で育った場合、もしくは片親か両親どちらもが精神疾患がある場合の喪失は大きいものです。アルコール依存や精神疾患をもつ家族だけが対象ではありません。あなたの生活を共にした全ての人について関係図とグリーフリカバリーレター©を作成することをお勧めします。163〜192ページの関係図とレター作成の指示に従ってください。

目に見えない喪失

DV家庭で育つことは悲惨な体験です。そして、それは目に見えない複数の喪失の原因となります。例えば、①正常性の喪失……理不尽であったり、理解できないことを我慢したり対応したりするように強要されることで、特に子どもにとっては「やりきれない」と感じることが多いです。②信頼の喪失……まともではない環境下で、子どもは、信頼の感覚を育てることができません。③安心感の喪失……アルコール依存症や精神疾患の家族がいることによって理性を欠いた環境になりがちで、安心して暮らすことは難しいです。アルコール依存症や精神疾患の方がいる家庭で育つ最大の喪失は、子ども時代を奪われたという感覚です。ここに挙げた全ての喪失に思い当たるかもしれません。

このような喪失は、本来は信頼や安心感が基盤になっているはずの親密な関係性、例えば親子関係などにおいて、あなたに影響を及ぼし続ける可能性が高いです。残念なことに、その影響が存在するとわかっただけでは、こうした見えない喪失について完結させることはできません。本書で紹介している課題に取り組み続けることで、幼少期にはあったけれど、成長するにつれて失った信頼感や安心感を再構築することができます（一見、普通の家族のように見える家庭でも、こうした見えない喪失のいずれか、または全てが起こり得ます）。

それぞれの関係図をリカバリー要素に仕分ける際に、見えない喪失の可能性を念頭においてください。ほとんどの喪失について、「大切な思いを表現する言葉」や「許し」の要素を使う必要が出てきます。例を挙げましょう。「お父さんが飲みすぎるから、友だちを一度も家に連れてこれなかった。安心できたことがなくて、お父さんが恥ずかしいことをしでかすんじゃないかと疑ってた。うちは普通だと思ったことがなかったよ。振り返ってみると、いつもおびえていて、子どもらしい時間を過ごしたことはなかった。私はお父さんを許して、自由になります」。

この数行は、前述した見えない喪失の全てに対応できます。

前に、たいていの人は、アルコール依存の親のみに注目してしまい、その親とは異なる影響を子どもに及ぼした、一見問題のない親による影響を見過ごしてしまうということをお話ししました。父親がアルコール依存なので、家に安心して友だちを連れてこられなかったような場合、母親の反応が、子どもにとって、父親より問題が大きかったかもしれません。そんな母親にはこのように書くといいでしょう。

「アルコール依存の父さんに対するお母さんのヒステリックな対応が怖くて、いつもおびえていたんだよ。気が休まる時がなかったし、大人になっても、安全な状況になっても、いつも何かにおびえていたんだ。私にいつも不安と憂鬱さを植えつけた母さんを許します。私は母さんを許して、自由になります」。

トラウマ――PTSD

本書の中で、私たちは喪失を定義するような診断用語や分類を使うことは控えてきました。間違って使用されることも多い「トラウマ」や「ＰＴＳＤ」という言葉ですが、よく見受けられるようになってきたので、この改訂版で取り扱うことを決めました。

トラウマやＰＴＳＤは喪失の影響に関する一般的な用語。グリーフとはこうした喪失に対する具体的な反応である

グリーフや未解決のグリーフを考えるうえでは、トラウマやＰＴＳＤといった言葉は一般用語となっています。

ここで私たちが考えるトラウマやＰＴＳＤについて定義しようと思います。それによって、トラウマやＰＴＳＤへとつながっていたり、その原因となった特定の喪失を発見し、リカバリーできるような最善の方法を説明します。

　トラウマという言葉は目新しいものではなく、しばらく前から使われてきました。『オンライン語源辞書』では、トラウマの語源は１６９０年代にさかのぼり、主に身体的な感覚としての「傷、痛み、障害」と定義されています。当然のことながら、この、傷、痛み、障害という3つの単語それぞれに、感情面または心理面を当てはめることは簡単です。しかし、トラウマが完全に感情面の文脈で使われるようになったのは１８９４年で、『オンライン語源辞書』には「正常値を超えたストレスを起こす精神的な傷や不快な体験」と定義されています。一般的には、これはトラウマの意味として現代の多くの人々がとらえている意味と同じでしょう。この定義の中でのストレスの使い方は、それよりかなり後で使われるようになった「心的外傷後ストレス障害（ＰＴＳＤ）」の下地となりました。

　現代の専門用語においては、『広辞苑』では、トラウマを「外傷。転じて、精神的外傷」と定義しています。ＰＴＳＤの定義はもう少しやっかいで、普通に使われ始めたのは、最近のことです。『広辞苑』でのＰＴＳＤの箇所には、次のとおり簡単な定義が記載されています。「驚異的・破壊的なストレス性の出来事・状況の体験後、フラッシュバック・睡眠障害・逃避行動などの症状が1カ月以上続くもの。心的外傷後ストレス障害」となっています。

　ＰＴＳＤという言葉が使われるようになったのは、１９８０年のことで、この言葉に至るまでにはたくさんの用語が使われてきました。最初に使われたのは、戦争の影響や常に命の危険がともなう軍人に及ぼす影響に関係している事柄でした。１６７８年に使われ始めた、ノスタルジア（郷愁 nostalgia）に始まり、心臓神経症、兵士の心（soldier's heart）、戦いによるショック（battle shock）、砲弾ショック（shell shock）、戦争による緊張（war strain）、戦争神経症（war neurosis）戦闘による疲弊（combat exhaustion）、総ストレス反応（gross stress reaction）、ベトナム戦争後反応（Post-Vietnam combat reaction）などがあり、そして最も直近がPTSDとなります。

前述の言葉が、いつ死んでもおかしくない、死の確率が高い戦争や戦闘に関わるものであったことはわかっていただけたと思います。しかし、現在のPTSDという言葉は、私たちに起こるマイナスの出来事全てによく使われているということに気がつく人もいるでしょう。最新の定義がどうであれ、本書でご紹介している考え方の基本やご提案している取り組みは、どのような問題であっても、あなたを苦しめ続けている過去の経験、それが今という時間に与えている影響に向き合い、完結させる手助けとなるはずです。

興味深いことに、現在のアメリカ軍の支部によっては、PTSDという頭字語を使わずに、障害（Disorder）という単語を含まない「PTS」として使うようにしているところもあります。

私たちとしては、PTSDという頭字語を変えることはせずに、「グリーフとは、あらゆる喪失に対する自然で正常な反応である」という基本にそって考え、扱っています。これを念頭において、2つ後のセクション「あなたのトラウマやPTSDを特定の喪失の要素に分類する」以降で説明する、喪失の言葉を使い理解したうえで、本書のリカバリーを実行すれば、あなたの人生に影響を与えた人との関係性に応用することができます。

喪失をトラウマやPTSDと決めつけるとリカバリーできない

私たちの目的はみなさんにグリーフリカバリーを進めていただくことですが、そのために、トラウマやPTSDに関わる問題を2つの一般的な種類に分けていきます。そして、より具体的な言葉に変えていきます。

まず、ある人が体験した不当な扱いや虐待が繰り返し起こっている場合、通常は幼い頃に始まり、数カ月や何年にもわたって長い間常に繰り返されてきたはずです。子どもの時にしか不当な扱いが起こらないというわけではありませんが、多くのケースでは、子どもの頃に起こることが多いものです。というのも、子どもは自分を守る能力がなく、その環境から逃げ出すことができないからです。そうです、こうした人生の経験はトラウマになり、現在使われている意味でのＰＴＳＤを引き起こすともいえます。

もう1つの種類として、一度きりの出来事の影響があります。そのひとつがレイプで、非常に長期にわたって（場合によっては永久に）感情的、身体的な影響を及ぼしかねないことが明らかとなっています。あるいは事故や殺人、その他にも思い出したりするだけでいまだに恐怖を感じるような出来事に巻き込まれたり、目撃することも挙げられます。9・11の映像がテレビで頻繁に放映されることも、見るたびにずっと影響を受けてしまうことの一例でしょう。これらはトラウマとなり、あなたへの影響は、やはり現在の意味としてのＰＴＳＤであると定義されるかもしれません。

トラウマやＰＴＳＤが、あらゆる状態にあてはまる一般的な分類や定義であるとするなら、私たちは、喪失という具体的な言葉でトラウマやＰＴＳＤを正確に再定義する必要があることに気がつくべきです。トラウマやＰＴＳＤという一般的な名前のレッテルを貼ってしまうと、あなたはリカバリーから遠ざかってしまい、これらの具体的な喪失体験のグリーフを完結できなくなってしまうのです。つまり、トラウマやＰＴＳＤなどという言葉ひと言で扱うと具体的な喪失を探ろうとはしなくなり、結果的にリカバリーを妨げることになるのです。トラウマをもたらす出来事が、あなたの人生に大きな影響を与えなかったと言っているわけではありません。また、そうした出来事が、あなたが健康で幸せになる能力を制限しなかったと言いたいわけでもありません。とりあえず今やらなくてはいけないのは、あなたに影響を及ぼしてきた出来事とそれによって起こる喪失感を、感情的に完結させてくれる正確な言葉を使うということです。

トラウマを漠然とした喪失ととらえるのではなく、より特定の喪失に置き換える前に、直接または間接的に影響を及ぼす自然災害や人的災害について少し触れたいと思います。

ハリケーンや竜巻、津波などの自然災害を何度もテレビで放映することは、とても生々しく、消せないイメージを私たちの脳裏に焼きつけます。直接そうした出来事を目撃して、なんとか生存した人は、テレビ画面だけで見ている人たちよりも、ちがったレベルで影響を受けるでしょう。そうした出来事を直に目撃しなかったとしても、私たちは、テレビや他のメディアで何度も見ることで、長い間恐怖を覚えます。

9・11やコロンバイン校の銃撃のような人的災害をメディアが取り上げることは、見ることがトラウマになるような恐ろしいイメージを送りつけます。今日の世の中では、テレビや他のメディアでひっきりなしに流されるこうしたイメージは、私たちが生きている世の中に対する信頼感や安心感に影響を与えます。

私たちは、頻繁におきる出来事と一度きりの出来事を分ける必要があります。というのも、グリーフリカバリーメソッドの実践方法においては、この2つのうちどちらであるかによって、取り組む際にある程度は内容が変わるからです。次のセクションでは、何年にもわたって、家族に繰り返し虐待された人の例を紹介しましょう。

注　単発的な虐待を複数回経験する人がいますが、彼らは、いずれの出来事の時も、劇的な影響を受けることになります。これには、1人またはそれ以上の人からくり返し虐待を受けるといった継続的関係は含みません。ですから、これには、グリーフリカバリーメソッドの別の方法を使います。詳細は、この章の「一度きりの出来事の影響」のところで説明します。

あなたのトラウマやＰＴＳＤを特定の喪失の要素に分類する

グリーバーは、感情的・心理的な問題をもたらす様々な出来事や経験に対する自らの反応を説明する際に「トラウマ」や「ＰＴＳＤ」という言葉を使うことがあります。彼らは、専門家やテレビのドキュメンタリーなどからそうした言葉を知ることもありますが、そういった話題を取り上げた雑誌の記事や本を読んで知ることもあります。彼らは、そういった知識をもとに誤って「自己診断」し、自分のリカバリーの可能性を狭めていることがあります。

　グリーバーが「トラウマ」や「ＰＴＳＤ」という用語を使う時、私たちは、グリーフや喪失にもっと直に関わる言葉に言い換えてあげることにしています。それによって、彼らが何を言わんとしているかがはっきりするからです。この章の始めの方で、アルコール依存症の家族や機能不全の家庭で育ったことからくる、ずっと消えることのない気持ちを生み出す目に見えない喪失と、どう向き合うかについて取り上げました。目に見えない喪失には、信頼や安全（安心）の喪失、正常性の喪失、子ども時代の喪失などがあります。つらい体験として、身体の自由の喪失や承認の喪失も加えることができます。

　ここで、「たぶん、トラウマかＰＴＳＤだと思われるものが、どれだけ自分の人生に影響しているかわかってほしいのです」とうったえてくる人を、私たちがどのようにサポートするか、一例をご紹介します。

グリーバー「私は、6歳から14歳まで祖父から性的虐待を受けて、それでトラウマ（またはＰＴＳＤ）を経験しました」

グリーフリカバリー・スペシャリスト「そうですね。ひどいトラウマだったでしょうね。あなたは、信頼感を失くし、安心感を失くし、身体の自由を失う感覚を持ったのだと思います」

グリーバー「その通りです！　まさにそういう感じでしたし、他にもいろんな影響を受けましたが、今までそういうふうに（何かを失ったと）言われたことがありませんでした」

グリーフリカバリー・スペシャリスト「それ以外に受けた影響がわかりますか？」

グリーバー「はい。今こうして話している中で思い出したのですが、異性と付き合い始める年齢の頃には、自分は傷がある人間で、どこかまともではないと感じるようになっていました」

グリーフリカバリー・スペシャリスト「楽しいはずの時期に、自分の存在価値を失う体験をするなんて大変でしたね。お母さんやお父さんや誰か他の人に話すことはできましたか？」

グリーバー「とんでもない！『誰かに言ったらただじゃおかないぞ』と、祖父はいつも私を脅してきました」

この例を見ると、トラウマやＰＴＳＤという漠然とした言葉や、虐待や不当な扱いといった言葉が、祖父の虐待という非常に特定の具体的な喪失へと置き換わったことがわかるでしょう。その全てが虐待者である祖父との関係性に含まれています。

このセクションを読み進むうちに、信頼、安心感、身体の自由、価値など、いくつかの異なる喪失について触れたことに気がついたことでしょう。自己価値感の喪失とは、特に幼い頃であれば、承認の喪失と見なすこともできます。

グリーフリカバリーメソッドは、主に、虐待や不当な扱いが起こった関係性や、それに気がつかなかったり、起こったことを話しても聞く耳をもたなかったり、信じなかった親や保護者などとの関係性についても取り組みます。

あなたが、どの具体的な関係性に取り組む必要があるのかや、それらがどのような喪失を表しているのかを見つける手助けとして、前述した例を使うことができます。トラウマやＰＴＳＤのような診断をしたり分類するための言葉を、喪失に関連した具体的な言葉（信頼、安心感、身体の自由、価値など、いくつかの異なる喪失のこと）へと置き換えることが、人生に負の影響を及ぼしたトラウマ的な出来事や経験によってずっと完結されないままになっていたことを、完結に導いてくれるでしょう。

多くの場合は、何が起こっているか気がつかなかった、または起こっていることにうすうす気がついていたけれど見て見ぬふりをした、そういった母親や父親との関係性にも、取り組まなければならないでしょう。両親が本当に知っていたのか知らなかったのか、何かを疑っていたかどうかはっきりしていないので、すこし扱いづらいかもしれません。「両親は、私を守ることができなかった」という考えや気持ちがあるかもしれませんが、それでも彼らを許してあげなくてはいけません。

発見（ディスカバリー）からリカバリーへ

祖父の虐待の影響が、信頼の喪失、安心感の喪失、身体の自由の喪失や、終わりのない「傷がある」や「まともではない」という感覚を引き起こしました。このそれぞれの喪失について関係図に書き込み、その後、リカバリー要素に仕分け、最後に祖父に宛てたグリーフリカバリーレター©を書かなくてはいけません。

言うまでもないことですが、起こった具体的な出来事のいくつかに取り組む際に使う主なリカバリー要素は、「大切な思いを表現する言葉」と「許し」です。あなたが虐待を何度も受けていたとしても、そのことを繰り返し関係図やレターの中に書くことが、本当の助けあるいは完結にはならないということを覚えておいてください。具体的な出来事は3つか4つ程度にとどめて、それらがどのような影響を及ぼしたかを書き、許しを行うことを目的にしましょう。

それが終わったら、何度も傷つけられたことをひっくるめて許しを行うこともできます。その場合このように書きます。

「あなたが、幾度となく、繰り返し傷つけたことを許します。私に誰にも言うなと脅したことについて許します。私はあなたを許して、自由になります」。

こうすれば、感情的に完結された気持ちになり、過去から最大限の自由を手に入れることにつながります。

漠然としたものから具体的なものに変換する

メンタルヘルスの専門家（または他の誰か）が、不当な行為に対しての誰かの反応を定義する際に、トラウマやＰＴＳＤという言葉を使う時、逆に隠れ蓑《みの》を与えてしまいます。結果的に、そうした気持ちをもたらした人や出来事の記憶のもとである、つらい関係性は決して完結されないということが起きます。そして「自分にはＰＴＳＤがある」とか「トラウマの犠牲者だ」と繰り返すだけになってしまいます。

何度もお話ししていますが、トラウマやＰＴＳＤはとても一般的によく使われるようになった用語ですが、それを引き起こした出来事の影響について定義をしたり説明をしていませんし、それによって生じた喪失感やグリーフについては明確にしていません。けれども私たちが紹介した例を見ていただければ、グリーバー自身が自分にとっての正解を見つけるためにとても役立つと思います。というのも、どう感じたのか、感じているのかがわかるのは、グリーバー自身だからです。

感情的に完結されないままになっているものを見つけ、完結させることを目標にして、漠然としたことを具体的なことへと置き換えることがポイントです。あなたを傷つけた人に対しての気持ちを完結させるだけでなく、それに気がつかなかったり、踏み込んでこなかったり、残念ながらよくあることですが、起こったことを話しても信じてくれなかったり助けてくれなかった、親や保護者らに対する気持ちを完結させることに役立ちます。

まとめると、ＰＴＳＤやトラウマという一般的な漠然とした言葉を、「○○の喪失」として具体的に表すことで、つらい気持ちを引き起こした出来事を、現実に起こった喪失として見える化してとらえることができるのです。そうすれば、グリーフリカバリーの手順にそって、グリーフは完結できます。私たちが虐待などに対して「見えない喪失」という言葉を使うのは、あくまでも死別や離婚などの喪失と区別するためなのです。

一度きりの出来事の影響

その関係性の良し悪しにかかわらず、グリーバーがグリーフリカバリーメソッドを実践することは、知っている人との関係性の中で繰り返し起きる出来事から受ける影響に向き合うのにもってこいです。

しかし、ひどくトラウマ的な出来事で、一度きりの出来事となると、このメソッドの真価はかぎられてしまいます。たとえば、まったく見知らぬ人から突然襲われたレイプのようなケースでは、特に犠牲者は、加害者のことを知らない、つまり見たこともない人に襲われたということになります。想像できるかもしれませんが、知らない人との関係図をつくることはできません。

こうした場合、役に立つメソッドとして適したものをと考えるなら、１７３～１７６ページで紹介した方法で、許しの行為と考え方を活用することです。レイプの直後に加害者を許すよう提案されることに反発を感じる人は多いと思います。しかしそれは、許しの本当の意味や、感じている恨みから解放されるために許しを利用することを、理解していないからです。許しというのは、加害者のためのものでも、加害者についてでも、ありません。加害者によって傷つけられた人のためのものなのです。

同時に、私たちはレイプ（または、同じような暴力的な出来事）の被害者が冷静でいるべきだと言っているのではありません。また、加害者を許すという間接的な行為を行ったり、加害者の行為がいかに自分を傷つけたかを記入する際に理性的であるべきだと、言っているわけでもありません。

たとえば、レイプの加害者への間接的なコミュニケーションはこのような感じです。「おまえサイテー、おまえがしたこともヘドがでる。おまえは私を怖がらせて、信頼と安全を奪った。おまえは性的にも身体的にも私をぐちゃぐちゃにした。今はもう誰も、自分さえも、信じることが難しい。おまえに恨みをもち続けて、残りの人生を生きることはできない。私はおまえを許して、自由になる。でも許すのは、自分のためで、私が新しい人生を築いていくためのもの。何よりも、警察がおまえを見つけて、刑務所にぶちこんで、おまえは有罪になって永遠にどこかにいなくなればいい。二度と現れないで！」

この短いグリーフリカバリーレター©を、あなたが信用する誰かの前で、声に出して読まなくてはいけません。あなたにとって、今、誰かを信頼することは難しいかもしれませんが、しなくてはいけません。聞き手のほうも、絶対に秘密を守らなくてはならず、レターの内容ばかりか、それが存在するということさえも、本人以外の誰かと共有してはいけません。

レターを読んだ後に、そのレターをどうすればいいのか、とよく聞かれます。選択肢は複数あります。誰かの手に渡らないように、注意して捨てることもできます。グリーフリカバリーの完結と新しいスタートの象徴として、燃やすこともできます。それを持っていることもできますが、その場合は本当に安全な場所に保管してください。

一度きりの許しで十分なのか？

あなたの人生に登場した人との関係図やグリーフリカバリーレター©をひと通りつくったり、または、前述した例のように許しを書面にした短いレターを書き終わって、声に出して読み上げるのは、一度だけで十分なのだろうか、とあなたは疑問に思ったかもしれません。レターに書かれていることが、あなたが継続的にされてきたことの痛みの蓄積を表していると考えれば、「一度きりで十分で、すぐに自由になる」というのは単純すぎると思うかもしれません。

つまり、実際には、一度きりの許しで十分ということは稀です。トラウマ的な出来事であろうとＰＴＳＤの範疇とされている出来事であろうと、許しに時効（時間の制約）はありません。必要に応じて許しを行ってください。実際には、あなたに起きた出来事の記憶が襲ってくるたびに許しを行うべきです。そうしなければ、あなたを傷つけることしかしない恨みに、しがみつき続けることになります。許しとは、究極の自由への道であり、それによってあなた自身のことも他人のことも、信頼する能力を再び取り戻すことができます。

●**繰り返し許すことについて：**たいていの場合、過去ではなく今を生きると決めたら、頭の中で許しを行うだけでいいのです。でも、この作業を始めた頃は特に、書き出して、いつも聞き役をしてくれる相手に連絡して、加害者に対する許しを読み上げることが役立ちます。電話でも構いませんが、その内容は誰にも聞かれないようにしてください。許しはあなたが行うもので、あなたが自由になるためのものだということを忘れないでください。

注　このセクションを終える前にお伝えしたいのですが、私たちが提案している方法があなたの想像よりも複雑ではなく短期間で行うものであるからといって、「誰かが繰り返してきた行動や一度きりの行動で、あなたはそれほど傷ついていない」と言っていると、受け取らないでください。また、あなたが苦しんできた現実を否定したり、無かったものとしたり、過小に見ているとも思わないでください。まったく逆です。私たちは、あなたが経験した体験がずっと昔に起きたことであっても、痛みを何度も経験することをやめる方法を教えようとしているだけなのです。なぜこうした行動をとる必要があるのか、もっと知りたい場合は、「不快な気持ちは誰に責任があるのか」（86～90ページ参照）を読み直してください。自分の気持ちは他人のせいだと教わった人がいかに多いかということが書かれています。他人のせいにしていると、自分に影響を与えた出来事に自らが反応したことの責任をとることができなくなります。ここでのキーワードは「反応」です。なぜなら、反応が、私たちが取り組める唯一のことだからです。

独自の喪失を関係図にする場合 ～信仰心、キャリア、健康～

長く取り組む間に、死や離婚のようには明確に分類できない喪失の関係図を作成することになれば、疑問が生じることがあるでしょう。その中で、最もよく聞かれるのが、信仰心の喪失、転職・失業による喪失、健康状態の変化（病気）や引越しによる喪失についての関係性をどのように図に落とし込むのかといった質問です。これらの喪失は他の人というよりは自分自身に関連するように思えます。私たちの説明に従っていくうちに、これらの喪失が、あなたにとって大切だった人、もしくは今でも大切な人たちと重大な相互関係をもたらしていること、つまりお互いに関係しあっていることに気づくでしょう。

先ほど挙げたような喪失とどのように向き合っていくのかは、これからご紹介しますが、先に強調しておきますと、こうした様々な喪失との関係性を完結させようとする前に、本書でこれまでに提案してきた全てを実践しなくてはなりません。特にあなたに最も直接的な影響を与えた人との関係性において重要です。この基盤となる課題に着手しなければ、これからお話しする、転職や健康などの喪失を完結させようという取り組みは、論理で考えるだけの分析的なものとなりがちです。しかしながら、私たちのガイダンスに従えば、あなたの人生に影響を与えたどんな喪失にも、最大限に感情面の完結を迎えることができます。

ここからは、３つの大きな人生の領域、つまり、信仰心、健康、そして仕事について取り組みます。最初は信仰心の喪失に触れますが、これは、とても深い領域です。あなたが信仰心の喪失の問題を抱えていなくても、この信仰心の喪失のセクションを読んでください。それは、その後の健康や仕事についてのひな型になります。

信仰心の喪失

神様や宗教を信じる心（気持ち）を失ったと感じるような経験は、主に次の2つがあります。ひとつは、あなたが神様を信じられなくなるような悲劇的な出来事が起きた場合。もうひとつは特定の出来事ではなく、神様や宗教に関わる残念な情報や事象を経験した場合ですが、さらにその中には、ある出来事がきっかけとなって、喪失に気がつくという場合もあります。残念な情報や事象には、例えば、聖職者や特定の宗教による事件や家族による宗教がらみの異常な行動などが挙げられます。

信仰心の喪失の原因が何であれ、完結していなかった感情を完結させる方法をお教えします。こうした方法によって、あなたは、神様や信仰心の喪失を引き起こした人々や出来事、組織に対しての感情を完結することができます。まず、あなたの信仰について関係図を作成することから始めましょう。ここでは「信仰心の関係図」と名づけることにします。「信仰心の関係図」は、どの部分が神様と直接関係していて、どの部分が信仰心の喪失に紐づく個人と関係しているのかを、特定するのに役立ちます。信仰心の関係図は、神様との関係や、信仰面であなたに影響した人々との小さな関係図をひとつにまとめたものです。

◉信仰心の関係図作成のための復習

信仰心の関係図の作成に着手する前に、関係図の作成方法を読み返してください。（146〜167ページ参照）出来事や個人について思い出しながら、関係図の中央に引いた横線の上側には幸せで楽しい体験を、下側につらかったマイナスの体験を、記入してください。これにより、起きたことや起きなかったこと、神様と自分の関係において、どのようにプラスにもしくはマイナスに自分が反応したかがわかります。関わった人全員の名前と、その出来事が起きた大体の年も書き加えてください。名前や日付、詳細をはっきり覚えていない場合は、書ける範囲で十分です。

信仰心に関連する最も古い記憶に戻って、図を作成してください。図には次に記載する項目が書き込まれるでしょう。

- 両親
- 司祭（神父）、ラビ（ユダヤ教指導者）、牧師（聖職者）、お坊さんや宮司さん、尼さん
- 私立の宗教系の幼稚園や学校や日曜学校の先生
- 教会、寺、モスク、神社（以後、併せて「特定宗教」と呼びます）
- 特定宗教の教義

どこかの時点で、おそらくあなたは宗教の教義について学び始めました。関心をもったりもたなかったりしたかもしれません。疑いをもった期間があったかもしれません。こういったことや、もし、あなたに宗教やスピリチュアルの原理原則について強い信念や想いがあるならば、それを関係図に書き入れてください。それらは、あなたに影響を及ぼしたものの一部である可能性が高いです。私たちのもとには、幼少期に、特定宗教の聖職者自らが教える教義を守っていないところを目撃したという告白が、よく届きます。あなたにそういった経験があるならば、神様への信仰の喪失とまではいかないまでも、そこにつながる、聖職者への信頼の喪失があったのかもしれません。ここで重要なのは、あなたがそれを誰かに伝えたかということで、その伝えた相手があなたを助けようとしてくれたかどうかもまた重要です。それらは全て、信仰心の喪失との関係性の一部であり、「信仰心の関係図」に入れるべきことです。

信仰心の関係図をつくり終えたら、書き出したことを、「謝罪」、「許し」、「大切な思いを表現する言葉」の

3つのリカバリー要素に仕分けましょう。仕分け方について、もう一度読み直してください（171〜178ページ参照）。信仰心の関係図の全ての項目の中から1つ以上をリカバリー要素に仕分けてみると、どれが神様に直接向けられるべきものなのか、どれが特定の個人に向けられるべきなのかがわかるでしょう。十分に時間をとって、あなたが書き出したことを適切な要素に仕分けることに注力しましょう。これをきちんと行うことによって、グリーフリカバリーレター©を書いた際にその効果がさらに高まります。

中には、そこまでの深いつきあいではなかったのに、宗教上の影響や教えを受け、信仰心への影響を与えられたことに感謝している人もいるでしょう。謝罪や許しを行う必要はなく、ただ「ありがとう」と言いたいかもしれませんが、この「ありがとう」というのも、シンプルですがパワフルな感情表現の言葉です。

◉グリーフリカバリーレター©の書き方を改めて見直す

信仰心の関係図をリカバリー要素に仕分け終えたら、いよいよグリーフリカバリーレター©を書きましょう。レターを書き始める前にレターの書き方を復習してください（181〜188ページ参照）。具体的な方法（183ページ参照）は特に注意して読んでください。関係図に繰り返し書かれている要素をひとつにまとめることで、レターでくり返さなくていいという点を念押ししている箇所です。

それから、リカバリー要素の中でまとめた一連の内容をグリーフリカバリーレター©に書き入れてください。このレターは、神様や多くの人に対して書かれるものだということを念頭におきながら、もし覚えているならば、それぞれの内容の冒頭にその人の名前を書くとよいでしょう。名前を使うことによって、誰に対するコメントなのかがはっきりし、その後、レターを声に出して読む時に、感情を込めることができます。

あなたは、神様の他にも多くの人に対して言いたいことがあるでしょうから、多方面に向けたレターになるでしょう。レターは神様や関係図に出てくる全ての人々や関係性を含めたものとなります。たくさんの枝をつけた木のようなもので、そこには全体像の一部として人や出来事が含まれます。

このグリーフリカバリーレター©を書き始める前に、私たちが提示したひな型を使い、さらに以前に作成したグリーフリカバリーレター©を工夫するなどして、レターを書き始めることをお勧めします。例えば今回の場合は、こんな感じです。「私は、信仰や神様、そしてこれまでの宗教上の経験に関わってきた人々に対する関係性を見直してきましたが、ここでどうしても伝えておかなければならないことがいくつかあることに気づきました」。

最初の対象として、おそらく関係図に一番初めに登場したのはあなたの親という可能性が高いです。幼少期の記憶がいいものだったら、このような文章になるかもしれません。「母さん、神様や天国のことを教えてくれてどうもありがとう。母さんが教えてくれて神様や天国のことを知ることができて、子ども心に安心感をもったことを覚えているよ。私を日曜学校に連れていってくれて、聖書を読むように勧めてくれてありがとう」

一方で、幼少期の記憶がよくなかったとしたら、このように言えるでしょう。「母さん、日曜学校に無理やり連れて行かれたけど、母さんを許すよ。先生はとても意地悪で、言うことを信じなければひどいことが起きる、と僕を脅したんだよ。僕が母さんに話したのに助けてくれなかったけど、母さんを許すよ」

これらが、いい思い出、嫌な思い出のケースの例です。あなたの記憶は、どちらかに偏っているのではなく、これらが混じっているかもしれません。また、母親と父親に対する感情がちがうかもしれません。ですからレターの中で、母親と父親にそれぞれちがうコメントを書いても大丈夫です。

次にグリーフリカバリーレター©に入れるのは、プラスの気持ちやマイナスの気持ち、またはその両方が混ざった気持ちを感じている日曜学校の先生でしょう。適したカテゴリーにそうした気持ちを記入してください。すでにお話ししたとおり、名前や年月を覚えているかわかりませんが、レターを書くことをやめないでください。大切なことは、あなたに何らかの影響を与えた人に対して、まだ伝えられていない感情のやりとりを間接的に伝えるということです。なぜなら、彼らがあなたの宗教的な信念に関係しているからです。

何年も前に教えを受けていた時点では、先生や聖職者に感謝したかもしれませんが、今はもう少し強く表現する必要があると感じているかもしれません。するとレターには次のようなコメントを書くことになるでしょう。「ジョーイ牧師、あなたの教えは、大人になってとても役立っており、自分の子どもに言って聞かせる時に、同じように話しているということを知ってもらいたいのです。とても感謝しています」。マイナスなことを言いたい時にも、同じように使うことができますが、その場合は許しが含まれなくてはいけません。以下に例を紹介します。「グレーザーさん、悪魔のことを教えてくれた時、とても怖かったことを覚えています。あの時感じた恐れは、かなり長く私の人生に影響しました。私はあなたを許して、あの恐れから自由になります」。

ここで、多くの人が、自分や自分の大切な人に悪いことが起こった時、神様に対して怒りを抱くということに触れたいと思います。あなたは、神様に対して怒っていますが、そのことを居心地が悪いと感じているかもしれません。神様を許す必要があるかもしれませんが、「許す」という考え方は、神様に対しての敬意に欠けているようで、恐れを感じるかもしれません。起きたこと、または起きなかったことについて神様に恨みを抱いているのなら、それを許さなければ、二度と神様への信頼を構築することはできません。再び神様への信仰が戻ることを望んでいなくても、あなたが心や魂に燃えるような恨みをもって生きることに価値はありません。

一方で、あなたはとても重要ないいことを伝えたいのかもしれません。つらい時に神様がずっと側にいたと信じている場合は、こう言うのはどうでしょうか。「神様、いとこが自動車事故で亡くなってつらい時に、私や家族と共に歩んでくださりありがとうございます」。これが一般的な言い方です。あなたの言葉や信念を用いて、あなたにとって大切なことを言ってください。

神様とのやり取りについては、様々な考えがあることを私たちは知っていますし、私たちは、みなさんにとって居心地の悪いことは勧めていません。そうした点に注意しながら、神様に対して、良いことも悪いことも、それが、「謝罪」、「許し」、「大切な思いを表現する言葉」のどれであっても、なるべくストレートに言うことを勧めます。考えや感情をストレートに伝えるほど、より完結したと感じるでしょう。

◉レターを書き終える際には

書き終わりの挨拶は、神様と同様に、多くの人に対して行われます。人の数だけ、レターの正しい終わり方もあります。他のグリーフリカバリーレター©と同様に、この場合のレターの終わりにも別れの言葉を入れることは、とても重要です。そうです。神様や手紙が宛てられた人全てに、「さようなら」と言うことを勧めます。でも、さようならが、関係性の終わりではなく、このやり取りの終わりだということを覚えておいてください。ひとつのやり方として、関わった全ての人に対して、ひとつの定形型のコメントを発するという方法があります。こんな感じです。「そろそろ書き終えたいと思います。神様や宗教、それに関わる人々に関係している痛みを解放します。さようなら」。もしかしたら、あなたは、神様と少数の厳選した個人に対して、別れの言葉を言いたいのかもしれません。それはあなたが選択することなので問題ありません。最後に、さようならと言うことだけは忘れないでください。

グリーフリカバリーレター©を書き終えたら、最後にすべきことは、安心できる人に向かって、声に出して読み上げることです。第12章の最後のパートナー・ミーティングにある聞き手と読み手への指示（１８９～１９１ページ参照）に従ってください。聞き手には、あなたが読むレターについて、完全に秘密にすると約束してもらうことが大切です。

仕事の喪失、あるいは転職

仕事の問題との向き合い方は、信仰心の問題との向き合い方のところで説明したのと同じ流れで取り組みます。信仰心の喪失を読んでいない場合は、戻って読んでください。これから説明する指示に取り組みやすくなります。仕事の問題との関係は、子どもの頃のお手伝いから始まっています。お手伝いがあったということを前提にしていますが、お手伝いがなかったとしたら、それも大切なことです。お手伝いと関係したおつかいはしていたかもしれません。そうであれば、それらは関係図に入る項目です。ここで作成する関係図は、「仕事に関する関係図」と呼ぶことにします。

仕事に関して、あなたの両親が行っていたこと、または行っていなかったことに注意を向けたり、思い出し始めましょう。両親は安定した職についていたでしょうか。きちんとした「職業倫理」を示してくれていたでしょうか。父親だけ働いていた家庭だった場合、母親は家の仕事に真剣に取り組み、あなたに物事をきちんと行うということのお手本を示してくれていましたか。母親が働いて、父親が家にいた場合も同じ質問が当てはまります。幼い頃に、あなたが仕事やキャリアについて、良いにしろ悪いにしろ見てきたことが、あなたが信じたり感じたりすることに影響しています。

幼少期から青年時代を経て現在まで、時系列で起こった出来事を関係図に記入してください。お手伝いに始まり、親戚の人からおつかいを頼まれてお駄賃やお小遣いをもらっていたかもしれません。16歳以降は近所でアルバイトをしていたかもしれません。仕事についての関係図をつくる際、上司や管理者、同僚だった人も出てくるでしょう。好きな人もいれば、そうでなかった人もいるでしょう。あなたのことをちゃんと扱ってくれた人もいれば、そうでなかった人もいます。全てを関係図に書き込んでください。

仕事に関する関係図を書き終えたら、出来事や人々を3つのリカバリー要素に仕分けて、そこからグリーフリカバリーレター©で用いる表現を決めます。あなたが10代だった頃の上司についてのコメントの例はこのようになります。「私が遅刻した時に、家に帰されたことに関して、何年も恨んでいました。でもそこから学ぶことが本当に多かったです。あれ以来、約束をきちんと守って、時間通りに着くようにしています。家に帰されたことを許します。そして、貴重な人生の教訓を教えてくれたことに感謝します」。

今日の企業社会では、まじめな社員であっても解雇されたり、社内で人員縮小がなされることは、めずらしいことではありません。解雇について告げられる際、あなたやあなたの精神状態や感情的な反応について、それほど気遣われることなく言い渡されます。ですから、許しを行うことは、完結させるための大きな要素になることがあります。

グリーフリカバリーレター©を書く準備ができたら、自由な形でこのようにレターを書き始めてみてください。「私は、自分の仕事との関係性について見直しており、言うべきことを見つけました」。それは、信仰心の喪失のところで説明したとおり、あなたの仕事に影響を及ぼした多くの人たちとの関係性についての関係図とレターになるでしょう。仕事に関するよくある問題のひとつは、仕事についての希望や夢、期待が、必ず叶うとはかぎらないということです。けれどもグリーフリカバリーレター©を使って、昔の夢に「さようなら」と言いましょう。それによって新しく叶えたい夢をつくることができるようになります。

他で完結させてきたものと同様に、レターの最後に「さようなら」と言うことの重要さについて、改めて強調したいと思います。関わった全ての人に対して、次のような定型文的なコメントを入れることができます。「もう書き終えたいと思います。私は、仕事や関わりのある全ての人々との間で生じた痛みを全て手放します。さようなら」。

健康の喪失――ケガや病気による身体能力の変化

このセクションは、仕事のセクションと同様に、信仰心の喪失で説明したものと同じ考え方に基づきます。もう一度、信仰心の喪失のセクション（233ページ以降参照）に戻って再読いただければ、健康の問題に取り組む際の進め方についてもしっかり理解していただけると思います。

では改めてあなたの幼少期に戻りましょう。あなたとあなたの身体との関係性について、関係図をつくってほしいのです。ここでは「健常な身体との関係図」と呼ぶことにします。小さい頃のあなたは、運動神経がよかったでしょうか？　ダンスが好きでしたか？　身体を動かすことをたくさんしていましたか？　これらの質問への答えが1つでも「はい」なら、関係図をつくり始めることは、比較的簡単でしょう。そしてあなたが好きだった行動を思い出すことができるでしょう。またそれを一緒にしていた人を思い出します（注：小さい頃、一緒に遊んだ人の名前を全ては覚えていないかもしれません。正確にいつ、それをしていたのか覚えていないかもしれません。それでも大丈夫です。身体を動かした時の喜びや楽しさ、または痛みの感情のほうが重要です）。

少し年齢が上がって、成長するにつれて、あなたは自分の身体の見た目や他人からの見られ方に対して、好意的に感じていたかまたは嫌悪感を感じていたかのどちらかだったでしょう。病気がちだったとか、遊ぶことや、ハイキングや自転車、水泳などで身体を動かすことを禁止されていたかもしれません。身体を使うことが楽しかったのと同じくらい、それができなくなった時の喪失感があったでしょう。

身体を使ってこなかった人、すなわち、スポーツやダンス、アウトドアなどをしなかった人にとっては、身体と健康についての「健常な身体との関係図」は、少し内容が変わってきます。人生の喜びが身体よりも脳内で起きるという人は多いです。そうだとしても、特定の健康上の問題が、読む能力やコンピューターを扱う能力や好きなことを追求する能力を制限してきたかもしれません。あなたが自分の身体や健康に無関心だったとか、健康状態の低下があなたにそれほどの影響を及ぼしはしないと言っているわけではありません。実際に、特定の身体の能力を失ったことで、身体を使う時間を十分につくってこなかったということに気づくこともあるはずです。

いずれにせよ、あなたがしてきたことを「健常な身体との関係図」に書いていくと、通常であれば他の人たちも関わってくることになるでしょう。スポーツにおいては、チームメートやコーチ、その分野に関わっているその他の人たちがいます。その中で好きな人もいればそうでない人もいるでしょう。その一人ひとりが、あなたが取り組む必要のある小さな関係性の一部なのです。「チームメートとして協力的だったことに感謝している。いつも励ましてくれていたことを覚えているし、とても助かったよ」とか、「私がチームになじもうとしていたのを助けてくれなかったね。あなたがとてもわがままに振舞っていたことを許します」といった言葉になるでしょう。

多くの人々にとっては、スポーツやハイキング、ダンスやその他の活動は、仕事やその他の心配事から起こるプレッシャーを減らすことにつながる、人生でバランスをとる役割をしています。自分の身体を使うことは、思考（考え過ぎ）から抜け出させてくれ、癒しにとても効果的です。

身体を動かす能力を失うということは大きな喪失で、見過ごされたり過小評価されるべきではありません。健康を損なう時、身体的に健康であることで成り立つ独立心を失うということはよくあることです。特定の健康状態によって車の運転ができないことが、独立心という感覚をも奪うということを、見過ごさないでください。他の要因よりも、健康の喪失が人に無力感を感じさせ、それが安心感の喪失につながるケースは多いです。

グリーフリカバリーレター©を書く時、感情的に大切な言葉が向けられる相手は、あなたの人生において、身体を使ったことに関わった人々となるでしょう。しかし、言うべき内容があなた自身の身体に対して向けられることもあるでしょう。バカバカしいと思われるかもしれませんが、私たちは、あなたが楽しんで身体を動かしたことで感じた喜びについて、自分の身体に感謝することはいい考えだと思っています。仕事のセクションで、グリーフリカバリーレター©は、かつてはあったものの今ではもてなくなった希望や夢に対して「さようなら」を言ういい機会だとお話しました。これをすることで、新たに達成できることに向かって希望をもつことができるからです。健康問題についても同じことがいえます。この「健常な身体との関係図」とレターを、かつて自分ができていたことにさようならを言う機会として活用することが重要です。そうすれば、今できることに自分の意識を向けることができます。

健康について取り組んでいると、何か問題が起きた時、それは、自分の身体をきちんとケアしていたかどうかに関係があったと気がつくかもしれません。そうであれば、関係図とレターは、あなた自身がケアをしなかったことに対しての自分への謝罪の場として理想的なものになります。少しバカバカしいと思えるかもしれませんが、とりあえずやってみてください。中には謝罪するよりも、自分を許すことのほうが好きだという人もいます。どちらを選ぶかはあなた次第です。

最後に重要な点をお話ししましょう。多くの人が、親や兄弟姉妹や他人から受け継いだ自分の身体や運動能力、身体能力やスキルについて、マイナスのイメージをもっています。こうしたイメージは一生、彼らに影響を及ぼし、人生の身体的な面に関わる行動を制限する可能性があります。くり返しますが、「健常な身体との関係図」とグリーフリカバリーレター©は、私たちの身体や健康や行動に対する関係性において、自分自身を制限させた人々を許す理想的な機会になるのです。

引越し

引越しは、全てのグリーフの経験の中で最も見落とされがちです。引越しがグリーフを引き起こす喪失である理由は、グリーフの定義を思い出していただければすぐにおわかりになるでしょう。すなわち、「グリーフとは、それまで慣れ親しんだ行動パターンが変化したり終わったりしたことで引き起こされる矛盾した感覚です」。引越しほどこの定義をよく表しているものは他にないでしょう。なんといっても引越しでは、慣れ親しんでいた全てが変わってしまうのですから。

私たちが執筆した別の本『When Children Grieve～子どものグリーフリカバリー～（仮題）』の中にある、著者ジョン・W・ジェームスと家族の実話を取り上げたセクションを次に転載します。ジョンの息子にフォーカスが置かれていると思われるかもしれませんが、年齢によらず誰にでも等しく関係します。

1987年のことです。ジョンと妻のジェス、そして6歳の息子コールは、ロサンゼルスの一区画にあるマンションから、新しい近隣の一軒家に引越しをする準備をしていました。この頃には、ジョンは長年にわたってグリーバーを助ける手伝いをしてきており、グリーフの定義は、変化によって起こる相反する気持ち、または慣れ親しんだ行動パターンの終わりだということを知っていました。

ジョンは、子どもにとって、今の家から別の家に初めて引っ越すことが、最も強力な喪失体験だということをずっと前から知っていました。新しい家やマンションのほうが古い家より大きいとかステキだとかいうことは関係ないということも知っていました。さらに、別の市や州への引越しか、あるいは町内の引越しかということが関係ないということも知っていました。

子どもは変化を怖いと感じて、変化に苦しむことがあります。引越しとは、当然ながら子どもが慣れ親しんでいる全てが変化することを表します。他に誰が影響を受けるかわかりますか？「親です」と答えたなら正解です。

引越しをするというのは、お金があって大きい家に移るということを意味することもあります。それはいいことですが、家の大きさや条件によらず、子どもは古い場所に慣れ親しんでいます。家のことを知っており、家も子どもを知っているように思えます。自分の家なので隅から隅まで知っています。新しい家へのワクワクする気持ちには、古い家を去るという悲しみが入り混じっています。古い家のことを好きでなかったとしても、とても親しんだ感覚があります。そんなプラスとマイナスの気持ちが入り混じった気持ちは、私たちがよく使う「相反する気持ち」という言葉の意味を示しています。

反対に、大きな家から小さな家への引越しということもあります。この場合の引越しには、親しんだものからの変化だけでなく、経済的苦労と紐づいたマイナスの感情が加わります。小さい子は、お金の問題に気がつかなかったり、関わったりしないこともありますが、親の態度に影響を受けるでしょう。子どもたちは、夜中に両親がお金のことで口論するのを聞くことがあります。もしくは、言葉以外の両親のやり取りから、何かがうまくいっていないということに気がつきます。

子どもにとっても大人にとっても、大きな変化は感情的なエネルギーを生み出すということを覚えておくとよいでしょう。

ジョンの息子コールは、庭つきでスイミングプールがある家に住むことにワクワクしていました。部屋が大きくなることも楽しみにしていました。同時にコールは、前の学校や近所の友だちと離れることを悲しいと思っていました。ジョンは、今回の引越しが、コールが経験している相反する感情との向き合い方を教える絶好の機会だということがわかっていました。

ジョンは、自分の感情と向き合うために、これまで住んでいた家の部屋を見てまわるツアーを家族と行いました。そしてそれぞれの部屋で分かち合ったことについて話し合いました。コールは、即座にこの行動の主旨を理解しました。それぞれの部屋で分かち合った幸せな経験や悲しい経験について話しました。安全に過ごすことができ、暑さや寒さをしのげたのは、それぞれの部屋のおかげだと感謝しました。コールの歯が初めて抜けた時のこと、初めて自分の名前を書くことを覚えた時のことなど大切な思い出がよみがえりました。そして部屋を去る時に、部屋に「ありがとう」「さようなら」と言いました。

　このワークは、コールのためだけではありませんでした。ジョンと妻のジェスは、たくさんのいい思い出、嫌な思い出について思い出すことができました。３人にとってこのプロセスは役立ちました。引越しの日、コールは涙を浮かべながら、生まれて初めて住んだ家にさようならと手を振りました。コールは新しい家にすぐに馴染みました。前のマンションとの関係を完結させていたので、新しい家との新たな関係をつくることができたのです。ジョンとジェスは、コールが小さい時に過ごした以前のマンションにいい思い出がありましたが、新しい家でももっと素晴らしいたくさんの思い出をつくりました。

　まもなく、コールは家を離れて大学に行きます。彼は自宅の部屋に休みのたびに帰ってくるものの、引越しによって毎日の行動の多くが変わることに気づいているので、最初の引越しをした13年前と同じようにグリーフリカバリーのメソッドを使って向き合うでしょう。ジョンとジェスは、コールと一緒に暮らしたこの家での13年間の出来事を思い出すでしょう。彼は、今後の生活のほとんどを大学の寮で過ごすことになり、新しい日々の行動パターンが生まれます。そして、大学を卒業する４年後に、コールが何をすることになるか、みなさんはすでにお気づきのことと思います。

◉バカバカしいと思えてもやってみましょう

　引越しをする時に、たとえ子どもがいなくても、前述したジョンの話のように行動してみることを強くお勧めします。最も重要なことは、ひとりでやらないことです。ジョンとジェスとコールが一緒に取り組んだということを思い出してみてください。一人ひとりがマンションの各部屋の思い出について語りました。もし、ひとりで住んでいたとしても、あなたが思い出を語って「さようなら」と言う時に、友だちに一緒に居てもらい聞いてもらってください。

家と同じくらい大切な何かとの関係性をきちんと完結させない大人や子どもには、マイナスな影響があるという例を、私たちはこれまでたくさん見てきました。この簡単なワークによって、次の家へスムーズに移ることができるようになります。

こうした行動の副産物は、他の人やあなたの過去からの関係性に紐づいている、まだ完結されていない感情に気づくかもしれないということです。本書で学んだ行動を使えば、過去に戻って、新たに発見したことも完結させることができます。

このワークをバカバカしいと思っても、これは本当に大切です。とにかくやってみましょう。

その他のポイント

グリーフ年表または関係図に何項目くらいを書けばいいのか？

グリーフ年表または関係図にどのくらいの項目を書けばよいのか、という質問をよくいただきます。人によってかなりちがうので、正しい回答というものはありません。その人の表現方法によっても異なります。ジョンは端的に、話したり書いたりする傾向にあります。ラッセルは、長くなりがちです。本書に記載されているふたりのそれぞれのグリーフ年表１１７～１２３ページや関係図１５４～１５８ページを見ると、ちがいをわかっていただけるでしょう。グリーフ年表の項目は、ジョンが9個に対して、ラッセルが13個です。関係図では、ジョンが弟に対して8個、ラッセルは前妻に対して12個となっています。これらは全て、手法を示すための図の例であって、原本をそっくりそのまま示したものではありません。しかしながら、これらにはジョンとラッセルの表現方法のちがいが表れています。

どの図にも、どのくらいの項目を載せるべきかといった厳格な決まりはありません。目的は正確さであって、量ではありません。グリーフ年表や関係図にたくさんの項目を入れすぎて、図表にすることのメリットを享受できなかった人がいます。彼らは項目を重複させたり似たような事例を全部載せていました。これは、あなたが私たちが予想する以上に数多くの死別を体験しているはずがない、と言っているのではありません。あなたが関係性をもった人々の死のみをリストにするということが大切だと言っているのです。ですから、あなたが人生で2回しか会ったことがない、深い関係性を築いていない又従兄弟（またいとこ）の死については、グリーフ年表に載せなくてもいいと言っているのです。

掲載する項目数については、グリーフ年表の一般的な手引きでは、6個から20個ほどの項目を記載するといいとしています。何千人もの人々が作成するのを見てきましたが、実際に平均は約15個くらいです。それより多く書き出すと、似たような出来事を繰り返しているかもしれないとか、近くない関係性の人まで含めてしまっているかもしれないと疑ったほうがよいでしょう。

関係図では、用紙の中央に水平に引いた直線の上のスペースに5個から15個ほど、下のスペースにも同程度の数の項目を書き出すとよいでしょう。関係性が基本的にいいものかよくないものかによって、図表は上下どちらかに偏ってしまうかもしれません。もし、どちらかにたくさんの項目が偏るようなら、同じ出来事を何度も繰り返し入れていないか、探してみてください。同じことをくり返す必要はありません。くり返し書くことで、痛みに囚われてしまったり、その関係性の現実離れしたプラスのイメージの中に囚われてしまう危険性があるからです。

同じことが関係図をもとに作成されるグリーフリカバリーレター©についても当てはまります。

相手への同情の言葉は不用

昨今、感情の完結を難しくさせる決まり文句が、聞かれるようになりました。それは「彼は、彼のすべきことに、ベストを尽くしたんだ」という言葉です。感情を完結できなくなる典型的な場合というのは、あなたがこの言葉を、あなたといい関係ではなかった人に対して言う時です。そういう場合は、論理的には正しくても、感情的には役立ちません。グリーフリカバリーレター©の最後のあたりにこのコメントを加えて、後で私たちに電話をしてきて、「感情が完結されていない」と話す人がいます。その人たちのレターの中には「あなたは、あなたのすべきことに、ベストを尽くしたものね」という言葉があるのです。これをしてしまうと、レターの中でそれ以前に書いた許しを反対に覆《くつがえ》してしまいます。そうとは気がつかずに、悪い行いを正当化しているのです。論理的に考えれば、人々は自分たちがすることに対して全てベストを尽くしています。そうでなければ、何かちがうことをしたはずですから。この事実の悲しい点は、誰かの「ベスト」が、私たちをめちゃくちゃにしたということです。

公正な視点を大切にしようとすれば、例えば、あなたの両親または育ててくれた人は、人々に対して加害者だっただけでなく、自分自身が犠牲者でひどい幼少期とその後の人生を過ごしてきたのかもしれません。彼らのまわりには、アルコール依存や精神疾患、または単純に冷酷な人がいたのかもしれません。そうしたことを、あなたは同情をするかもしれません。けれども、彼らがそうした状況の影響をずっと引きずってきた間、自分たちがされた経験をあなたに対しても行って、あなたを苦しめました。彼らがあなたにひどい扱いをしたのに、彼らに起きたことに同情の感覚がある場合、しっかり言葉を選んでください。彼らはベストを尽くしたと正当化するよりも、そしてそれによってあなたがグリーフリカバリーレター©ですでに書いた許しを台無しにするよりも、こう言うことができます。「父さん、私は父さんや父さんが受けた影響に同情しています」これは、常に全ての必要な許しを書いた後、レターの一番最後のさようならの直前にもってくるべきです。

質問の言葉は使わないこと

グリーフリカバリーレター©で、もうひとつ特にすべきではないことは、質問をすることです。死んだ人に対して、レターで質問しても答えてもらえないことは明らかです。こういったことを聞く人々を見てきました。「父さん、なんで、自分の健康をもっと気遣わなかったの？」――美しい言葉だったとしても、このようなもう答えを得られることのない質問をすると、グリーフは完結されないままになってしまいます。グリーフリカバリーの目的は、感情を完結させることなので、答えが返ってこない質問をして、自分を失敗へと追い込むことはしてほしくありません。

死んだ人はあなたの質問に答えられないということは明らかですが、生きている人たちに対してもグリーフリカバリーレター©で質問することは、決して勧められません。レター内であなたが感情の完結に取り組んでいる〝生きている人〟に対して、感じていることを決して伝えてはいけないと、改めて申し上げておきます。というのも、レターには許しの言葉が入っていますが、許しは決して直接言ってはいけないからです。思い出してください。グリーフリカバリーレター©は、故人でないかぎり、絶対に本人に直接伝えてはいけませんでしたね。生きている人であってもあなたのレターを聞いていないので、どんな質問に対しても答えは得られないのです。これは、生きている人に会って質問することや、話すことがいけないと言っているのではありません。それはあなたの選択ですから。グリーフリカバリーレター©の中で質問しないでくださいということです。

きちんと完結させるためにＰＳ（追伸）レターを活用して

両親やあなたの人生に影響を及ぼしたその他の人について関係図とグリーフリカバリーレター©を作成したけれども、まだ完結されていないと感じている人がいるかもしれません。もしそうならば、もう一度、あなたの信頼の喪失、安心感の喪失、正常性の喪失、幼少期の喪失につながった関係性の側面にフォーカスして、再度課題に取り組んでみてください。信頼や安心を感じられない状況や出来事をもたらした関係性の要素について、小さい関係図をつくった後で、「ＰＳ（追伸）レター」を書いてください。

ＰＳ（追伸）レターについての手引きは１９５～１９７ページの「新しい問題を見つけた時、どうするか――ジョンの息子の窓ガラスの例」をご覧ください。ジョンの自分の父親に対するレターでは、ちゃんとした関係図やレターを一からやり直さなくていいということが示されており、その時に起こった特定の状況に向き合うだけでいいとしています。

小さい関係図とグリーフリカバリーのＰＳ（追伸）レターを書いた後に、必ず、あなたにとって「安全な聞き手」である今生きている人に向かって、レターを声に出して読み上げてください。その時には１８９～１９１ページにある聞き手と読み手への指示をご利用ください。

おわりに

グリーフからのリカバリーは、グリーバーが、小さくても正しい行動を選択していくことによって可能となります。私たちは、この20周年記念版という、あなたがこうした行動をとることに役立つさらなる手引きをお届けする機会をもてて、とてもうれしく思います。

多くの人がこの本を読み、「なるほど」と納得しながら、ここから何かを得てくださると思います。けれども、多くの読者はリカバリーの行動はとらないのではないかと心配しています。この本を読んで楽しんでくださったことは光栄に思います。しかし、もう一度、最初に戻って読んで、パートナーがいてもいなくても、リカバリーの行動をとってもらえると、もっとうれしいです。読んで理解したという経験で、あなたが完結できたと錯覚しないようにしてください。完結とは行動した結果起こるものです。

私たちは、あなたの勇気と前向きな気持ちに敬意を表し、いかなる時もサポートしています。

ジョン・W・ジェームス
ラッセル・フリードマン

謝辞

ジョンからみなさんへ

私がこの仕事を始めてから約30年が経っており、感謝している人はあまりにたくさんいて、とても一人ひとりにお礼をお伝えするのは難しい状況です。しかし、ここで、次の方たちに個人的に感謝の言葉をお送りします。トミー・アトキンソン、ダン・ブリントリンガー、ジョン・ボーグワード、デュアン・チャンバーズ、スティーブ&テリー・ヒューストンに感謝します。特に、仕事を始めた頃とてもお世話になりました。同じく仕事開始時から一緒だった私の最初のパートナーであるフランク・チェリーにもお礼を言いたいと思います。

この改訂版に関して特に感謝したいのは、代理人を勧めてくれたジョナサン・ダイアモンドと、ハーパーコリンズ社の優秀でいつも電話口でとても陽気に話してくれる編集者のトレーナ・キーティングです。

パートナーであり友人でもある、ラッセルにも感謝しています。ラッセルは、ボランティアだったにもかかわらず、私から離れずいつも一緒に居てくれました。今や、グリーフリカバリーというこの使命において私のパートナーとなってくれています。私たちは一緒に笑ったり泣いたりしながら、どうにかこうにか、最も必要としている人たちに希望のメッセージを届け続けてきました。

子どもたちふたりにも感謝します。アリソンは、前回の謝辞を書いたときには12歳でした。あれからあっという間に20年が経ち、目をあけると、美しくて素敵な女性になった彼女がいます。息子のコールは、20年前は6歳でした。インタビューで「パパは何をしているか知ってる?」と聞かれたとき、少し考えて「悲しんでいる人を助けているんだよ」と言いました。彼の言っていることは正しかったですし、それはいまも変わりません。今では26歳になり、大きくなりました。どれほど子どもたちを愛しているか、言葉では語りつくせません。

そして、つらさ、痛み、夢を私と共有した何千人ものグリーバーたちにも感謝します。私はとても光栄です。皆さんが正直になって参加してくださらなければ、グリーフリカバリー・インスティテュートはこれほど成功せず、また、多くの苦しむ人々にも私たちが存在するということが届かなかったでしょう。

そして、妻であるジェス・ワルトンにもお礼を言いたいと思います。息子を失ってからは、私はもう二度と喜びを感じることはないと思っていました。他の人たちと同じように、顔で笑って心で泣いていたのです。そんな時、ジェスが私の人生にやってきてくれて、それからずっとどんな時も私のそばにいてくれました。彼女は、グリーバーを助けるという、新しい分野の仕事をはりきってサポートしてくれました。私の長距離の移動や、わが家のリビングで泣く人たちにもつきあってくれました。グリーフリカバリー・インスティテュートの電話代が高くて払えなくなった時は、テレビのクイズ番組に出て賞金を稼いできてくれたこともありました。こういったたくさんの仕事をしながら、女優という天職の仕事も続けてきました。ファンや仲間からたくさんの称賛をもらい、2つのエミー賞も獲得しました。彼女は華やかな世界でも十分活躍できる華のある人ですが、一方、私の仕事にはまったく華はありません。私がどれほど彼女を愛しているか、どれほど彼女に感謝しているかを、彼女はわかってくれているでしょうが、それでもやはり私は彼女に感謝を伝えたいし、愛していると言いたいのです。

ジョン・W・ジェームス

ラッセルより心からの感謝と愛を

友人や知り合いたちは、私のやっていることを知るといつも、「感情的に相当消耗するんじゃないか」と聞いてきます。私の答えはこうです。

「僕は、この仕事をしてると、気持ちがとても高揚するんだよ。これほど完璧に僕の心や魂を満たしてくれる仕事は他には思いつかないよ。僕がグリーバーに力を貸すと彼らの気持ちは確実に楽になるし、僕もその度に幸せを感じるんだよ」

グリーフリカバリーの考え方と行動は、私の人生を多くの面で変えてくれました。私はこれまでにないほど幸せを感じるようになりました。そして、悲しい時は本当に悲しいと感じられるようになりました。どの感情もいい感情であり、感じていいのです。人生はもはや、困難でつまらないものではなく、耐え忍ぶようなものでもなくなりました。

私の心からの感謝と愛を次の人たちに捧げます。

母さんへ、会いたいよ
父さんへ、ずっと友達だよ
生涯のパートナー、アリスへ
ビジネスパートナーで友人の、ジョン・ジェームスへ
娘のケリーへ
友だちのクラウディアへ
姪っ子のギャビーとギャビーのママのリザへ
素晴らしい双子の妹、マージーとパティへ

素敵な弟のケンへ

かわいいふたりの元妻、ヴィヴィアンとジーンへ

僕の聖なるビクターへ

気まぐれな僕にずっと付き合ってきてくれたゴルフ仲間のローリー、ウィリー、フランク、ケンへ

それからいつものメンバー、特にキャスリーンとデブへ

2013年11月、とても特別な小さな女性が私たちの人生にやってきてくれました。それは、孫のゾーイ・マリー・ヤーミィです。彼女は、言葉にならないほど、私の人生と心に明りを灯してくれています。多分、おじいちゃん、おばあちゃんになった方ならおわかりいただけるでしょう。「ゾーイ、愛と喜びをありがとう。愛しているよ。おじいちゃん、別名パパより！」

ラッセル・フリードマン

グリーフリカバリー・インスティテュート（GRI）のサービスとプログラム

GRIと、ここで養成した何千人ものスペシャリストたちは、グリーバーに対して様々なプログラムをご提供しています。認定されたスペシャリストたちは、米国やカナダで出張相談会などのプログラムを実施しているだけでなく、世界各国でもグリーフリカバリーの様々なプログラムを展開し始めています。

出張相談会で提供しているプログラムは、どんなに大きな喪失の苦しみであっても、グリーバーが完結できるように設計されています。このプログラムは、本書の課題を行う際、パートナーが見つからない人に特にふさわしいプログラムです。

認定されたスペシャリストは、グリーフリカバリーの商標登録の利用が許可されています。グリーフリカバリーメソッド®で検索してみてください。そこに出ている認定スペシャリストは、私たちと直接繋がっており、私たちの正規のプログラムをご提供しています。

GRIは、スペシャリストの養成と認定も行っています。

また、GRIでは、全米各地でグリーバーのために集中的なセミナーを実施していますし、さまざまな組織に講師の派遣もしています。

プログラムの詳細については、こちらにお問い合わせください。

GRI本部

ウェブサイト	www.griefrecoverymethod.com
メールアドレス	info@griefrecoverymethod.com
住所	Grief Recovery Institute 132 SW Crowell Way, Suite 100 Bend, OR 97702 U.S.A.
電話番号	+1-800-334-7606

GRI日本国内窓口　WHATリカバリー株式会社

ウェブサイト	www.whatr119.com

日本版の出版に寄せて

日本のみなさまへ、この度、グリーフリカバリー・ハンドブックの最新版（20周年記念版）を、日本語でお届けできる運びとなり、私たちは心からうれしく思っております。弊社では、グリーフリカバリー・インスティテュート（ＧＲＩ）本部の指導のもと、３Ｅsグリーフリカバリー®のオンラインワークショップを、昨年日本でスタートさせましたが、本書はそのテキストとして参加者のみなさまにご活用いただくことになります。こうして日本のみなさまへ最新のグリーフリカバリーをお届けできるようになり、近年この世を去った創始者のおふたりに、やっといいご報告ができそうです。

早いもので、創始者のジョン・Ｗ・ジェームスがグリーフリカバリーの仕事を始めてから、今年で45年になります。この間、彼はＧＲＩを設立し、ラッセル・フリードマンと、「グリーフリカバリーという支援を、できるだけ多くの人にできるだけ早く届ける」ために、北米、スカンジナビア、イギリス、メキシコ、オーストラリアなど、世界各地にＧＲＩ支部を開設し、ハンドブックもスウェーデン語、ドイツ語、スペイン語など、世界各地の言語に翻訳してきました。本メソッドを通して救われてきた人の数は世界中で少なく見積もっても数百万人以上いると思われます。また、ＧＲＩが養成したスペシャリストの数は世界各国で数千人以上にのぼります。こうしたＧＲＩの長年の活動の結果、今では、世界中の多くの本メソッド体験者の方々が、「このメソッドは、さまざまな喪失体験の苦しみに対処する適切で効果的な方法である」と高く評価してくださっています。

本書出版を迎えた現在、日本を含め世界はいまだ新型コロナウイルス感染の苦しみのさなかにいます。今まで出会ったことのない新しいタイプのウイルスによる、目に見えない感染の恐怖が急激に世界中を襲い、命を奪われた方や健康被害に苦しんでおられる方がたくさんいます。さらに人と人との接触を控えなければならない状況が長引き、先が見えない中で、仕事や経済への被害も大きく、また人々の心にも不安や孤立化が大きなダメージをもたらしています。

今ここに、日本のみなさまへ心を込めて本書をお届けします。みなさまが、本書をもとにグリーフリカバリーを実践し、さまざまな喪失の苦しみを完結させて、心からの笑顔を取り戻し、再び幸せな人生を歩み始めていかれますように、共にワークショップを歩む者として、心から願い応援しております。

二〇二二年一月

訳者　WHATリカバリー株式会社社員一同

翻訳監修　吉岡文

訳者

WHATリカバリー株式会社

2020年8月に、タイタノ中村若葉(代表)、吉岡文(副代表)により設立。2021年より、アメリカのグリーフリカバリー・インスティテュート(GRI)本部の指導のもと、本書の翻訳に取り掛かり、「3Esグリーフリカバリー®」のオンラインワークショップを日本でスタートさせた。ワークショップでは、GRIがオンライン開催を認めたアドバンストスペシャリストが、正規テキストである本書を用いて参加者をガイドする。認定臨床ヒプノセラピスト、医師などの様々な能力のセラピスト、共依存リカバリーや自助グループの経験のあるピアサポーターの他、翻訳家、編集者、出版者、会計士など、各業界の経験豊富な者たちが、日本全国及び海外からオンラインで集まり、翻訳、ワークショップに従事しその普及に努めている。全員、社内でグリーフリカバリーを体験済み。GRIの他の著書も今後翻訳出版予定。
他に4A共依存リカバリー™、4Cチャカナの叡智®、3K妊活ヒプノセラピー®のオンラインワークショップを開催。翻訳書に『妊活ヒプノセラピー』がある。1人でも多くの方が一刻も早く苦しみに別れを告げ、自尊心を回復し、平和で健康で希望に満ちた生き方を取り戻せるよう、サポートを行っている。

翻訳監修者

吉岡 文

認定アドバンスト・グリーフリカバリーメソッド・スペシャリスト、NGH[※1]認定ヒプノセラピスト、内科医、医学博士、WHATリカバリー株式会社副代表取締役。共依存という「自尊心喪失」の病に対するグリーフリカバリーを自ら体験し、その確かな効果に感動し、自らも学んでスペシャリストとなりオンラインワークショップを提供している。医療監修書『妊活ヒプノセラピー』。学位論文は医学の進歩としてNEJM[※2]に引用されている。

[※1] National Guild of Hypnotists：米国催眠士協会
[※2] The New England Journal of Medicine 2000; 343: 269-80.

付　録

喪失のリスト

これはグリーフを引き起こす喪失を一覧にしたものです。成人用のストレススケール*9に基づいて列挙していますが、並び順は喪失の順位を示すものではありません（「ストレス」は「グリーフ」の別名だとも言われています）。

- 配偶者の死
- 離婚
- 夫婦別居
- 拘留、刑務所に入る
- 親しい家族の死
- 自分のけがや病気
- 結婚
- 解雇・失業
- 夫婦間の和解・復縁
- 引退・退職
- 家族の病気や健康状態の変化
- 妊娠
- 性的障害
- 新たに家族が加わる
- 再就職や新しい仕事への適応
- 経済状態の変化

＊9　アメリカの精神科医であるHolmesとRaheが１９６７年に発表した「社会的再適応評価尺度」（Social Readjustment Rating Scale：SRRS）のこと

- 親友の死
- 別の部署への異動
- 口論の頻度の変化
- 多額の住宅ローン
- 住宅ローンや借金による差し押さえ
- 仕事上の責任の変化
- 子供の独立
- 義理の家族や親戚とのトラブル
- 優秀な個人業績や成績を収める
- 配偶者が仕事を始めるまたはやめること
- 入学または卒業
- 生活状況の変化
- 身のまわりの習慣の変更
- 上司とのトラブル
- 就業時間や就業条件の変化
- 引越し
- 転校
- 娯楽の変化
- 宗教活動の変化
- 社会活動の変化
- 少額の住宅ローンや借金
- 睡眠習慣の変化
- 家族の集まりの回数の変化
- 食習慣の変化
- 休暇
- クリスマス
- 軽微な法律違反

このほかに、信頼の喪失、承認の喪失、安全の喪失、信仰の喪失、身体の制御の喪失、性的暴行、ペットロス、家庭内暴力、子どもの家出、祝日もリストに追加してください。

このリストは、成人にとってグリーフを感じる場面を列挙していますが、高齢者や子ども、10代の若者の場合は、人生でグリーフを感じる場面はもっと多くなります。

もしあなたがある出来事を境に、どうも気分が優れないとか、何となく調子が悪いとか、なぜか以前とはちがうような気がすると感じているのなら、それは、未解決のグリーフを抱えているサインかもしれません。

そしてそのグリーフを引き起こす出来事のことを、私たちは喪失と呼ぶのです。

出典 https://www.griefrecoverymethod.com/blog/2021/01/change-comes-grief-over-40-life-events-cause-heartache

（英語サイトです）

グリーフリカバリー・ハンドブック
20周年記念拡大版

2022年3月5日　第1版第1刷発行
2022年11月30日　第2版第1刷発行

著者　ジョン・W・ジェームス　ラッセル・フリードマン

訳　WHATリカバリー株式会社
翻訳監修　吉岡 文

総合企画　タイタノ中村若葉
デザイン　鈴木 学
編集人　ユウミK
翻訳協力　戸川明美
編集協力　中村晴美　後藤裕美
協力　岡田晶代　美山きよみ

発行人　向 千鶴子
発行所　アーク株式会社
〒151-0053 東京都渋谷区代々木4-5-14
印刷所　中央精版印刷株式会社

ISBN978-4-910385-04-4 C0030

●定価はカバーに表示してあります。

www.ingramcontent.com/pod-product-compliance
Lightning Source LLC
Chambersburg PA
CBHW050323160726
48002CB00001B/164
9798218197360